JN440160

노란 환상통

노란 환상통

초판 1쇄 인쇄일 2019년 7월 10일
초판 1쇄 발행일 2019년 7월 17일

지은이 양순진
펴낸이 양옥매
디자인 김지혜 임흥순
교 정 조준경

펴낸곳 도서출판 책과나무
출판등록 제2012-000376
주소 서울특별시 마포구 방울내로 79 이노빌딩 302호
대표전화 02.372.1537 **팩스** 02.372.1538
이메일 booknamu2007@naver.com
홈페이지 www.booknamu.com
ISBN 979-11-5776-758-8(03800)

이 도서의 국립중앙도서관 출판시도서목록(CIP)은
서지정보유통지원 시스템 홈페이지(http://seoji.nl.go.kr)와
국가자료공동목록시스템(http://www.nl.go.kr/kolisnet)에서
이용하실 수 있습니다. (CIP제어번호 : CIP2019025890)

노란

환상통

양순진 시집

시인의 말 /

시어(詩語)란, 말 없는 말 혹은 오장육부의 생피가 솟구쳐 오른 말이라고 이경철은 정의 내렸다.

그런 무시무시한 시어로 시의 집을 짓는다는 것은 나에겐 몸서리치는 공포 속에 진입하는 일과 상통했다.

첫 번째 시집 『자작나무 카페』를 세상에 내보내며 찬란한 하나의 세계의 문을 여는 듯했다. 그러나 잠시일 뿐, 내내 아팠다.

두 번째 시집 『노란 환상통』을 엮을 때도 내 안에 끊임없이 노랗게 피어나던 멜랑콜리(Melancholy)! 어쩌면 멜랑콜리(Melancholy)는 나를 죽이고 살리는 시마(詩魔) 같은 것이다.

거울 속에 춤추는 나와 또 다른 나.

살릴 수도 죽일 수도 없는 사랑스런 천적들.

그 속에 고양이처럼 살갑게 존재하는 시인이라는 작은 명물의 변천사(變遷史)!

이것이 나의 시 세계의 전부다.

나는 내가 이 세상에 온 이유를 캐기 위해 시를 쓴다.

나는 나를 잊기 위하여 시를 쓴다.

나는 나를 뜨겁게 사랑하기 위해 시를 쓴다.

나는 오지 않는 사랑을 먼발치에서 기다리며 시를 쓴다.

사후에도 나는 살아 있기 위하여 시를 쓴다.

시만이 나를 격랑 일게 하기에
시의 집을 하염없이 짓고 허물고, 다시 짓고 반복적으로 허물며 이미 유령이 된 나를, 거듭 깨어나게 채찍질 한다.

멜랑콜리(Melancholy)한 생이여, 다시 한 번!

—2019년 찬란한 유월에

차례 /

1부 나미비아 코끼리처럼 /

2부 노란 환상통 /

3부 손톱에 봉숭아물 드는 동안 /

4부 스마일 마스크 증후군 /

5부 하염없이 비처럼 내릴 수 있을까 /

1부

나미비아 코끼리처럼 /

나미비아 코끼리처럼

죽기 전에
나미비아 붉은 사막 갈 수 있을까

섭씨 사십 도 더위
죽은 나무 먹으며 늪으로 향하는
코끼리 무리에 끼어

살아 있다는 자각 하나로
불가능 사이를
횡단할 수 있다면

지금 내게 덮친 절망의 협곡은
먼 꿈의 계단쯤으로 여길 텐데

나미비아 붉은 사막
귀 부채로 더위 날리며
죽은 나무 삼킨 배설물로
사막 원숭이 새 살려 내고
피붙이들 이끌고

사막의 끝으로 행렬하는
코끼리처럼

나
혼 바쳐
생의 나미비아를 순례하련다

대가야 토기를 문지르다

자주 그릇을 떨어뜨리고
그 조각 모서리에 손이 베인다
누군가를 생각한다는 것은 섬찍한 일
그릇이 미끄러져 바닥에서 조각나는 것처럼
파편들이 심장에 박힌다

박물관에서 대가야의 방죽을 돌다가
오랜 흙향의 연주를 들었다
대가야의 여인들은
슬픔으로 그릇을 빚었을 것이다
긴목항아리* 표면에
여인네들의 눈물이 엉켜 있다
굽다리접시*의 곡선에
여인네들의 인내가 배어 있다
사라져 버린 슬픈 역사를 꿰뚫어 본다는 것은
그릇을 빚는 일
나는 너를 빚으며 슬픔을 알았다

자주 너를 떨어뜨리고
그 조각 모서리에 심장이 베인다
누군가를 그리워한다는 것은
대가야 여인네 심장에 박힌 철흔
헤집는 일처럼 산산조각 나는 일

너를 빚는 일이 그러했다

* 대가야의 대표적인 토기명

동물의 왕국

사바나 기후가 연속인 기분에 대하여 분석해 보려 해 머릿속이 황폐해지는 계절엔 배 속이 요란해져 과다한 공허는 과다한 폭식을 몰고 오지 밤마다 들려 밀림 헤치며 진군하는 동물들의 노랫소리 마치 장엄한 오페라 같아 사냥이 시작되었어 사바나 기후엔 야생성 입맛이 폭주하지

간밤엔 몇 마리 물고기가 사막으로 뛰어드는 꿈을 꿨어 향유고래들도 가끔 물을 박차고 싶은 거야 메마른 땅바닥으로 소풍 가는 날은 비늘이 눈처럼 흩어져 조각조각 잘려 나간 시간들이 입속에서 물컹거릴 때 바다에서 지낸 한철을 추모하지 안녕, 바다의 왕국 국민들이여 대왕오징어 눈속으로 눈물이 고여

코끼리가 먹다 남은 바나나 껍질에 유서를 쓰는 날엔 우기가 시작되었지 비는 모든 기분을 결정하는 온도계 최고의 우울을 극도의 핏빛과 조우하게 하는 촉진제 소갈비를 먹어도 로스구이를 먹어도 채워지지 않는 외로움 깡소주를 마셔도 코끼리 살맛은 넘보진 않았지

거위의 꿈처럼 당신의 등에서 내가 태어났듯이 깊은 동굴에서 더 빛나는 사막여우의 삶을 위한 만찬에 당신을 초대합니다

불행해서 불안한 불면과의 서약

냉방에서 감기 바이러스 옮겨 온 저녁 기침은 짧았으나 불안은 길다

둘둘 말린 담요 소굴에서 빠져나와 식물의 사생활에 렌즈 총구 겨누면 불행을 앞당길 수 있을 것 같다 너무 외로워서 자신의 머리에 총시를 쓴 베르테르처럼

아, 하고 입이 벌어진 건 내가 아무도 모르게 앓는 깊은 밤에도 식물은 자가 분열한다는 사실

속은 새까맣게 썩어 가는 하얀 양파 몸 위로 초록 잎들은 가장 싱싱한 음악을 켜곤 해 썩어서 천상으로 향하는 수많은 시간에 휩싸인 껍질은 기억을 지우는 중이라지

실내에서 겨울나기 하는 백모단 잎 사이 꽃이 피려는지 꽃줄기가 자라고 있어 내가 불안해서 구토하는 사이에도 식물은 자가 분열 거쳐 지옥을 거쳐 저만의 방을 가졌어

삼십구 도 발열 넘으면 나의 옆구리에서도 새잎이 돋을까

이유 없는 불안이란 없다고 냉기 서린 시간에게 항변이라도 하는 듯 며칠째 백야를 견디는 중이네

사랑의 풀씨도 이별의 꽃씨도 더는 터뜨리지는 말아 달라고 애원하는 옛 애인들이 목구멍 가득 그리움 바이러스 덧칠하고 가는 사이

양파 푸른 잎도 백모단 가시잎도 저만의 방 창가에서 달빛 사용 설명서를 체득하는 중이라지

불면에 가장 쓴맛인 달빛 끈질긴 불행에 버무려 먹는 오늘은 최고로 독하다

백 도로 가열한 청춘이 영 도로 식어 가는 새벽엔 동백 진 길목마다 비의 세레나데 흩뿌려질 거야

슈퍼문처럼

네가 왔다
긴 기다림의 배후

18년 만에 출현했다는
2015년 9월 28일의 슈퍼문처럼
사람은 누구나 한 번쯤 거대해지는 날이 온다
아프고 찌들고 막연한 순간들이 번복되고
작은 보름달들이 여러 차례
그림자 지며 지나가는 모서리
가장 밝은 기색으로 벅차오르는 찰나를 몰고 온다
거대해지던 근심과 슬픔들이
빵가루처럼 흩어진다
거대해지던 절망과 비루함들이
유성우처럼 부서진다
찬란한 열망 날개 달고 떠오르는 지금
어제를 들춰내지 마라
생의 한가운데 놓여진
거대한 가능성만 삼켜라

비대해진 위에 안착하는 슈퍼문처럼
여기 너는 왔다
180년 전에도 1800년 전
1억 8000만 년 전에도
우린 종족이었기에 잊지 않았다
하늘과 바다가 닿는 곳
구름과 물결이 수놓는 상상의 언덕 위로
거대한 사과가 열렸다
누구에게나 한 번쯤
그 사과의 만유인력을
시험할 수 있는 날이 온다
유난히 붉은 오독의 사과
과녁의 순간이다
매서운 화살로 날아 쟁취할 홍점
신이 던진 주사위 위로
네가 왔다

백색 모래 위에 눕다

해변 한 귀퉁이를 집 안에 가져왔다

백색 모래 한 줌과 갯식물 세 뿌리
나는 매일 밤 식물 사이에 끼어
백색 모래 위에 누울 것이다

그러면 그것이 바다의 근처라 할 수 있을까
바다의 뿌리라 정의할 수 있을까
아니면 하늘의 별이라고 말하면 어떨까

별을 깔고 누운 갯식물 세 뿌리
그 뿌리의 감촉에 관해선 입을 봉하겠다

모래가 아니면 시들어 버릴 생에 관한 비화 따위
바다가 없다면 해변도 없는 이유와 같은 질감
모래가 흩어지는 밤 별도 흩어진다
근원지를 묻는다고 당신이 보이겠는가

백색 모래 위에 누워 귓바퀴에
파도가 구르는 꿈을 꾼다
앞으로 천 년 동안 백야가 지속될지도 모른다는
근력이 자꾸 휘청거리지만

하늘 한 귀퉁이를 집 안에 걸었다
밀물과 썰물처럼 별들이 물갈이한다
나는 너를 벗고 별을 입는다

꽃의 신전

매일 아침 꽃을 달여 먹어요 달기도 하고 쓰기도 한 맛 기도처럼 씹어요 참회처럼 삼켜요

내 안은 온통 꽃물 파문 일면 죄수처럼 물 안에 갇혀요 잊어버렸던 통 큰 꽃들 둥둥 물 위에 뜨지만 나는 아직도 꽃의 이름 기억할 수 없어 손톱에 핀 꽃의 파장으로 당신을 읽어요

단 한 번 일식으로도 월식으로도 겹쳐지지 않는 손바닥 로그인 없이 열리는 창문 앞에서 누가 나의 아침을 일깨워줄까요 슈퍼문 뒤로 당신의 꼬리 길게 드리우면 거울에 비친 나처럼 속이 다 보여요

거짓말과 진실의 차이는 얼음과의 경계에 있죠 그래서 당신 앞에선 가슴이 열리지 않는 거예요 파랗게 새파랗게 질린 수국꽃처럼 일곱 번 치른 우화 내 신전에 무릎 꿇은 모든 날개 달린 것들은 신을 극복한 꽃의 뒤편

매일 아침 꽃을 달여 먹어요 짜기도 하고 맵기도 한 오욕의 맛 달관으로 씹어요 관용으로 삼켜요

결국 목구멍엔 초승달만 남고 꽃의 경로는 당신의 손톱에 새겨질 거예요 선명한 해안선 너머 일출과 일몰의 운율 당신을 관통하는 이유는 능소화처럼 백일홍처럼 피고 지는 일이 우연은 아닐 거라는 생각

꽃의 신전은 꽃의 무덤 슬픔을 달여 먹어요 눈물을 달여 먹어요 애욕이 마를 때까지 애증이 증발할 때까지

보은

담벼락 아래 새끼 다섯 마리 낳고
굶주리는 고양이
애틋함으로 닭 가슴살과 생선 뼈 발라
가을 내내 주었더니

어느 날 아침 집 앞에 놓여진
죽은 새와 쥐, 흠칫했지만
고양이가 내게 보낸 감사 선물이란 걸
나중에야 알았다

몇 주일 내내 지극정성 젖 주고
세상 교육 시키며 애쓰던 어미 고양이
독립한 새끼들 뒤로 홀연히 떠나갔지만
그 자리에 오랫동안 맴도는 고양이 하울링
사람 떠난 마음 자리처럼 울림이 크다

나는 과연 고양이처럼
그 누군가에게 보은을 한 적 있는가
아직도 그 누군가 가슴에 남아
명음으로 울리고 있는가

당신은 어떤가

황남빵 시식론

경주 황남동 가 보진 않았지만
그곳 다녀온 지인이 내민
황남빵
손저울로 엄격한 비율 지켜 나간다는
불문율
꽉 찬 팥 속 깨물어 보면
깊고 깊은 토속적 맛임을 안다

투명하고 말랑말랑한 빵 껍질
팥소 넣은 둥글납작한 반죽 덩이 위에
빗살무늬 도장 누른 멋까지
신라 천 년을 고스란히 빚는
장인의 예술 혼

네 개씩 다섯 줄 가지런히
누워 있는 황남빵

지금 나는 빵을 시식하는 것이 아니라
경주 황남을 탐방하는 것이다
황남의 혼을 습득하는 것이다
신라의 역사를 풍미하는 것이다

색맹의 고독에게

유리창 한 뼘 빈 틈 남기고 커튼 내려요
속도를 내는 손잡이 줄
분홍 이불 끌어당겨
추운 나라 입김 포장하죠
정체 모를 검은 그림자여, 안녕
북쪽으로 난 문 걸어 잠글래요
'나프탈렌'이라는 소설 읽다가 덮어 버린
부분의 문장들이
빗소리로 똑똑 떨어질 때
한차례 시공이 겹쳐지죠
도대체 우울의 무게는 몇 그램인가요
당신이 보낸 선물 포장 속엔
덩그러니 상현 한 장
하현에게 이르는 비단길은
지금도 전쟁 치르는 중일까요
이미 결말을 예고하는 복선은
은인이 아니라 함정입니다
미치도록 처절하게 노래 부르다가
다친 무릎의 통증 위에 색을 칠하는

순간이 오죠
가장 아픈 색은 뭘까요
베고 누운 분홍 곰인형
어느 날 꿈처럼 흐느껴 운다면
당신은 건기입니까 우기입니까
음악 마디가 관절처럼 삐거덕거릴 때
고통의 선로엔 당신이 벗어 둔
구두 한 짝
도대체 이별의 무게는 몇 그램일까요

여기는 망망대해
나프탈렌 냄새 쪽으로 달이 기우네요

파리바게트 빵이 되었네

그와 헤어지고
파리바게트 빵집에 들어갔네
작은 에펠탑이 윙크하기에
파리행 비행기 올라타고 싶었네
햇살에 샤워하고 싶었네
접시에 실려 온 구름비누들
온몸에 칠했네
그가 분수처럼 쏟아져 와도
마구 문질렀네
비눗물에 섞여 눈물은 보이지도 않았네
나도 그도 형체마저 희미해질 무렵
손님, 딸기 주스 한 잔 드릴까요?
당신은 이별을 마셔야 합니다
주인은
파리바게트 유리창에
'지금 파리는 사랑 중'
팻말을 걸어 놓았네
모든 이별은 사랑이라네
그날 나는 숨죽여

파리바게트 빵이 되었네

가만가만 눌렸네

딸기 주스가 바닥날 무렵

밖엔 느닷없이 비가 오기 시작했네

어두운 심장

뛰던 심장이 얼음처럼 차갑다

눈 감고 있어도 시간은 가고
눈 뜨고 있어도 심장은 어둡다

다시는 심장을 개방하지 않겠다

맹신은 위험성 수위를 이미 지나쳤으므로
단절이라는 빚을 거치할 수 없다

사랑한다는 것은 자의였으나
당신에게 데일 때
운명의 속도는 쾌속정처럼 날렵했다

날카로움 받아들이며
당신의 정원에 나무 심은 이유는
그늘을 드리우기 위해서였다

가벼워진다고
어둠이 빛으로 전환하는 건 아니지만
무너진다고
고통의 속살이 회복되는 건 아니기에

상처는 강물에 띄우고
흉터는 구름 위에 걸쳐 놓는다

바람 불고 비 내려 먼 훗날
상처 위에 꽃 피고
흉터 안에서 새 울 때
그 처음의 새벽을 위하여

어두운 심장 가만가만 문지르며
입춘을 지난다

사랑의 기원전

해 땅 달의 아이
세 개의 성별이 있던 옛날
남자와 남자 여자와 여자 남자와 여자가
서로 등 맞대고 붙어 있어
둘이 하나이기에 사랑의 개념이 없었고
외로움이나 다른 어려움 알지 못함에
제우스가 등 둘로 나누고 뿔뿔이 흩어지게 했으며
서로 짝 찾기 시작한 것이 사랑의 기원이라고*
플라톤이 알려 줬지만
그 반쪽을 찾기 위해 만신창이 된
새드 무비의 주인공 헤드윅**은 알아냈네

파격적이고 파격적인
원색적이고 원색적인
도도하고 거만하며
날카롭고 거칠기 그지없는 트랜스젠더
펑크락부터 발라드와 포크까지
노래와 금발만을 고집하는
펑키하고 화려한 괴짜 젠더퀴어 헤드윅

베를린 장벽 무너진 날 버림받고
반쪽이라 믿던 이들이 줄행랑치고
파란만장 생의 비늘들이 줄지어 나올 때
자신의 사랑은 베를린 장벽 건너편에 있다고
믿었었던 그녀 반쪽은 그녀 안에
거울 속에 그대가 사랑해야 할 사람이
비추고 있었음을 까마득히 모른 채 덫에 갇힌다

사랑의 기원전이란 나르시시즘 같은 것

* 플라톤 '향연' 내용 중

** 뮤지컬 '헤드윅'의 주인공 이름

햄톨이가 쓰는 詩

힘든 밤 건너는 동안 너는 사막에 있었다

모래톱 씹는 소리는 고도의 고독

이빨이 어긋나 당신을 발음하기 힘들었을 때

고즈넉이 별과 달을 불렀다

다람쥐통 어지럼증 사라질 즈음

별과 달이 지는 속도로 그리움의 각도도 기울었다

이 지상으로 쏟아지는 꽃의 말 부서져도

코앞에 놓여진 화병의 꽃만으로도 생은 빛났다

기대를 어기는 것이 당신의 존재 방식이라면

속고 속으면서도 찬란하게 타오르는 일생이 나의 응답

힘든 밤이면 사막에 있는 당신에게 건너간다

모래톱 깔고 앉아 별과 달 끌어안는 당신

그 배후 맴돌다 가는 이 지독한 미열

당신의 부재를 읽다

푸른 벽 사이 끊겼던 기별 심장에 얹어도 아프지 않네 그건 이미 오래전 일

파도가 모래를 덮고 모래가 해변의 숨골 되었을 때

우리는 등 시린 계절 살았네

멈칫거리며 입술 깨문 자리 하얗게 얼었을 때 당신은 유리벽 성에조차 될 수 없었네

슬픔의 말들 슬프지 않게 터득하는 사이 멀리 달아나는 썰물 해변에 남아 있던 소금기마저 증발하는 지독한 미열들

가슴 다 허물어 낸 후에도 그리움의 숨골은 당신과의 거리를 잰다지

다 지난 일이라고 선 긋고 담담하게 올려다보며 맨 처음 별이었으니 제자리로 돌려보낸 일은 자서전 목록에 끼워 둔다

우리는 나눠 가진 토기처럼 날카로웠네

군중 속에 가려진 달 하나 군중의 냉담과 공격에 마주섰을 때도 아프지 않았네

구름이 달을 덮고 달이 하늘의 숨골 되었을 때 우리는 13개월 달그림자 아래서 꽃 짓고 있었기에

푸른 벽은 기별이 심장 곁 지나가도록 문 열어 주는 힘이었네

당신의 부재는 눈처럼 쌓인다네

사물에 전이되는 밤

오래된 테이프를 듣는다 눈물이 안에 쌓여 몸이 아프다 그래서 운다 우는 인형은 후련하다고 말한다

에이미 와인하우스*가 술 대신 인형을 사랑했다면 노래보다 서랍 애호가 되었다면 스물일곱 요절이 아니라 스물일곱 판타스틱 나는 27세를 사랑했고 뮤지션들의 열광적 영혼의 기호를 심장에 새겼다

테이프는 낡아 가고 나를 버린 시간들 명화에 혼절하거나 시인과 결혼했다면 상처란 단어는 낱말사전에서 아웃

현학적이고 우회적 언어로 어눌하게 애정 구걸하지만 기타의 광팬인 당신도 상처를 먹고 산다

찻잔의 곡선과 화분의 각 진열장의 배열과 나란히 눕는 일 사물의 온도에 전이되고 당신을 애도하는 일 겨울 눈 쏟아지고 눈물과 결탁하는 일 테이프는 새처럼 날아가고

가벼운 것도 무거운 것도 교감을 빼면 제로가 된다 어둠에 방치된 시간 장례식에는 음악의 애도만으로 충분해

행복한 비명으로 고음이던 스물일곱이 전광판처럼 타오른다 마음이 없으면 전율도 꺼진다 환하던 등빛도 희미해지고 꽃의 의도를 캐묻지 않게 된다 사물의 눈물 기록하기에는 아직 영혼의 눈 끄지 않았다고 가로등 눈부시다

가로등 불빛이 키운 화분 속에 눕는다 그럼에도 충분하지 않다고 껴안은 인형의 위로는 에이미 와인하우스 술보다 독한 성분 함유되어 있는지

오래된 테이프는 눈물과 섞여 온밤 덮는다

* 27세에 요절한 영국의 천재 뮤지션

죽어 가는 나무에 관한 보고

중요한 건 내가 발견했다는 점이다 섬 모퉁이 그 자리에서만 보이는 별 이름은 몰라도 좋은 정겨운 지탱 아마 사막으로 옮겨 가는 중인지 두꺼운 빛은 나에게로 뿌린다 소금가루처럼 잘디잔 빛가루들 마악 단단한 문장이 되려고 선명하게 나를 향해 돌진한다

중요한 건 내가 선택했다는 점이다 비 오는 날마다 튕겨나가는 당돌함에도 나는 너를 지켰다는 점이다 족쇄는 무모한 도구 집착할수록 그 반향의 힘은 파도를 삼키기에 직역은 하지 않았다 섬 모퉁이 그 자리에서 더 멀어지는 일에 대하여 해석하지도 않았다 점차 선이 생기고 면이 생기고 육각형이 될 때까지 문장의 꼬리에 대하여 논하지 않았다

중요한 건 내가 그 좁은 통로에 나무를 건설했다는 점이다 익숙한 냄새를 잊는 일에 대하여 주석을 달지 않았고 섬의 모퉁이를 배반하지 않았다

중요한 건 영원과 내통했다는 점이다 나무들이 죽어 가는 일에 대하여 기록하는 사이 나무의 재탄생을 보았고 죽은 사랑의 부활을 증명했다 중요한 건 나로 비롯된 입김의 부피를 측정하지 않았고 못 견디게 지루한 섬 모퉁이로의 출근을 거부하지 않았다는 점이다

중요한 건 이유 없는 탄생도 이유 없는 죽음도 없다는 논리성을 극복하며 반생을 앓았다는 점이다 수액은 모두 반환했다는 점이다

유리병의 용도

유리병 속에서 아로니아 발효되는 동안 달콤함과 달콤함 사이로 벌레가 기어 나온다면 유리병은 유리병이 아니다

시인이라고, 시를 위해 태어났다고 온갖 치부로 세상 떠들썩하던 생애도 그 본질 파 보면 꼬물거리는 벌레 몇 마리로 축약할 수 있다는 가설은 유리병 속 허영을 녹여 버린다

일생을 꽃만 그린 화가의 영혼은 이미 꽃이다 그녀의 평판은 세계적이므로 꽃을 더럽히거나 타인을 아프게 하거나 자신을 위배하거나 그 경로를 파헤치는 행위는 불필요하다

유리병의 역사는 허구다 보이는 모든 것은 가짜다 그런 가설은 꽃 그림 전시회 다녀온 날처럼 호화롭다 벽에 걸린 액자 속 꽃은 주체적이지 않으며 유리병 속 시차는 예술의 다변성을 능가한다

아직 발효되지 않은 시간들에게 농축된 달콤함을 가미하면 유리병은 존속할 것이다 아로니아 발효되는 동안 유리의 세계는 나의 정체성과 논쟁 중이었다 벌레를 만드는 건 시에게 이르는 퍼포먼스 같은 것

나의 온도 가늠하며 유리병은 꽃 이전의 세계를 해체하는 중이다

램프처럼

미치게 그립다고 말한들 별이 떨어질까요
당신 없인 안 되겠다고 애정 구걸한들
달이 내 심장에 당도할까요

첫 번째 작전도 두 번째 간절함도 모두 실행했으나
돌아온 건 냉소 담은 푸른 장미
그건 실패를 뜻해요

매번 난도당한 흉측한 가슴 도려내던 밤
어둠 사이로 달빛 내려와 위로했지만
그 부분이 연못으로 되진 않았어요

미치게 그리운 마음 덮는다고 별이 사라질까요
당신 없인 아무것도 안 되는 비루함 부정한다고
달이 내 심장 벗어날까요

푸른 장미는 사랑의 궁극적 목적
붉고 하얀 시간을 지나 노란 달과 조우하는 매순간의 통점
램프는 심장에 있어요

다가감으로 멀어지는 빛
멀어짐으로 가까워지는 어둠
가슴이 아니라면 맞댄 등으로 수억의 그리움
끌어모을 수 있답니다
램프는, 램프의 온기는
우리들 사랑의 표증입니다

버티칼 리미트*

히말라야에서 눈보라 눈사태를 만난 산악인처럼
숨 막히는 밤
인간의 힘으로는 어쩌지 못하는
닿지 않는 마음과의 거리감
내가 누워서 치 떨고 있는 이 지점에서
히말라야 정상까지의 막연한 거리 같은

히말라야의 눈보라나 눈사태는 예견된 함정
정상은 결국 정복하기 위해 존재하는 것
허나
마음과 마음의 한계점은 한 치 앞도 예측할 수 없는
얼음 동굴
시작은 있되 끝은 알 수 없는 고리점
그럼에도 불구하고
지독한 그리움엔 한계점이 없다

당신을 만나 나는 몇 번이나 히말라야를 올랐고
에베르트를 올랐다
아니 수직한계점을 수천 번 관통했다

얼음동굴에서 폐수종에 앓으면서도
오직 당신에게 닿을 순간만 희망했다

온밤을 태우고도
온 생애를 히말라야 눈 무덤에 걸고서라도
당신에게 등반을 멈추지 않는 집요함

나의 사랑 방식이다

* 지구에서 생명체가 살 수 없는 수직한계점

은하숲으로 가자
- 세월호 추모시

밤과 밤들이, 꽃과 꽃들이, 뱀과 뱀들이 담장 너머, 습지 깊이, 사막 건너, 은하숲에

언젠가 갔던 하롱베이 삼천 개 섬들이 바다의 자궁에 박혀 빠져나가지 않아 치열하게 낳아야 섬들이 새가 될 텐데 날개를 잃어버리는 꿈을 꾸네

그해 봄, 유람선 내실에서 뜯어 먹던 꽃게와 새우의 영혼들이 구름에 덮인 채 흐느끼기 시작하면

못 견디게 그리운 바다의 아이들 이름 헤아려 봐 별 하나 별 둘 별 셋 꽃게자리 새우자리 고래자리 바다물곰자리 개나리자리 진달래자리 해바라기자리 아직 봉오리 진 채 노랗게 떨고 있는 국화자리 미처 사랑 별자리로 옮겨 가지 못한 못내 그리운 시간들이 잊혀지려 해

다시 온다고 하얀 치아 보이며 떠난 항구에 노을이 내려 너는 아직 도착하지 않았는데 가을은 오고 또 겨울이네

하롱베이 작은 섬들이 새처럼 느껴지던 밤과 밤들이, 꽃과 꽃들이, 뱀과 뱀들이 담장 너머, 습지 깊이, 사막 건너, 은하숲에 마악 불시착했다는 전갈이 왔어

누가 우리들의 고2 시절을 돌려줄 것인가 타오르는 노란 촛불 위로 새하얀 눈이 빛바랜 교과서처럼 쌓여 갈 뿐

제왕에게

나는 당신에게 해를 끼치지 않았어요
당신이 자해했을 뿐

나는 당신에게 펌프질 하지 않았어요
당신이 속내를 펌프질 했을 뿐

더는, 더는 갈등을 조작하고 싶지 않아요
저는 뜨개질도 그만두었어요
엉키는 게 싫어서 코바늘도 꺾어 버렸어요
저는 로맨틱한 방식으로 생을 누려요
배 아픈가요

당신이 막무가내로 퍼붓네요
당신 안에 자라던 화, 그 화의 자식들
병사처럼 무장하고
무더기로 달겨드네요 불똥이 튀어 오르네요
불꽃놀이 중인가요

서사엔 분명한 원인과 결과가 있는 법
그렇게 오래 숙면했는데도 해법이 안 보이나요
누가 어디서 무엇을 어떻게 삐딱선을 탔더라도
그 어그러짐을 직선으로 세우는 건
당신의 의무라는 걸 삼척동자도 아는데
남몰래 까마귀 고기 먹었나요
제왕이, 군주가, 대표가
사소한 논란을 확대화한다는 건
치명적인 과오라는 걸 모르시나요

짓누를수록 더 강해지는 건 민초라는 걸
국민교육헌장에 나왔을까요
닭대가리를 가장 잘 비트는 닭 주인에게
의뢰해야겠어요

서슬프른 응징의 맛은 뭐랄까,
처참하다 못해 굴욕적이네요
사방에서 날아드는 화살에

저의 온몸은 피투성이
이 피를 짜서 제왕에게 헌혈하고 싶군요
제왕이 피를 바꾸면 정상참작이 될까요

나는 당신을 해치지 않았어요
당신의 경솔함이 당신의 혓바닥과 심장을
불구덩이로 몰아갔을 뿐

보세요,
이 치욕스런 사슴의 상처를

아직도 험담 중인가요
사슴의 뿔은 천 개의 귀
낙엽 흔드는 바람 소리에도
고단한 유령들이 으르렁댑니다

자멸처럼 어리석은 선택은 없답니다

전생의 후일담

당신 타던 차 새 등록증에 이전하고 그 누군가 타고 있다면 그 차와 새주인, 그 주인과 당신의 인연은 몇 겁일까

당신이 수천 번 돌렸을 핸들 다른 리듬으로 다시 수천 번 돌릴 확률 바퀴가 기억하는 거리의 관념들 방향지시등 사인들 비상등의 점멸 초스피드로, 혹은 느리게 전진하던 생의 고속도로, 혹은 골목들

차는 먼 전생으로부터 건너와 새 주인의 속도감각에 길들여지며 휘파람 분다 말라 가는 엔진오일 채우며 또 하나의 생을 누린다는 건 축복일 수도 불행일 수도 있지만 두 번 살다 간 신라시대 어느 조각가 생애처럼 자비라고 확신한다

어딘가를 가기 위해 차 문 열 때마다 이상한 기운에 사로잡힌다 가끔 차는 새 주인이 가 보지 못한 미지의 거리로 가곤 한다 옛 주인과 접속하려는 걸까, 아니면 새 주인과 옛 주인을 혼동하는 걸까

차의 전생 기록에 새 주인이 있었는지도 모른다는 옛 주인 전생에 새 주인의 숨이 비롯되었는지도 모른다는 환상에 차는 거대한 운명의 공동체가 된다

언젠가 다른 장소에서 함께 들었을지도 모르는 음악의 중첩 어디선가 마주쳤던 바람의 밀어들 음식점과 카페와 공원과 수목원에서 함께 나눈 감성의 단편들 배경이 배경을 지나간다 새 주인이 차를 모는 게 아니라 차가 새 주인을 운전한다

빗속을 달릴 때 차는 한 마리 백마 신라시대 어느 노승과 공주가 몰고 광야를 달린다 그건 운명을 거스르는 질주 단 한 번 동침으로 역사를 묶는 힘 차를 타면 새 주인은 전생과 내생까지도 읽게 된다

우리가 함께하는 가구들, 전자제품들, 노트, 펜, 다리미, 책상, 의자, 화분, 항아리, 가방, 길가에 나뒹구는 돌멩이 하나까지 이 모든 것의 죽음과 삶 가벼이 보지 않게 된다

그들에게도 전생이 있고 영혼이 있고 나이테가 있다 사연이 있고 슬픔이 있고 그리움이 있다

당신이 타던 차가 그 누군가의 방향지시등 숙명으로 우연히 당신 곁을 지나치게 된다면 경배하자 몇 겁의 인연으로 환생으로 겹침으로 더 빛나는 새 삶의 수레바퀴를 위하여

파문

사유는 경계를 넘는다*
지렁이처럼 습지를 사유하던 시간들이
그 경계를 넘어 식물성이 되어 가던 찰나
식물의 살갗 속으로 손가락이 눈물을 묻는다

충분히 외로웠던 시간이 제로로 사그라질 때 꽃시장에서 입양해 온 아이들의 이름을 되뇌인다 백모단 성미인 사과불꽃축제 흑법사 레티지아…… 오늘 밤 다육과의 동침은 살을 나눠 주는 향연이기도 해서 서로의 무늬를 엿보는 일처럼 파문 인다

파문이란 안에서 안으로 퍼져 나르는 떨림이기에 그 가장자리에 닿는 울림만으로 우리는 서로에게 갇혀 버린다

식물의 피가 흐르는 밤
사유는 단단한 행성이 되어 간다

* 독일의 철학자 에른스트 블로흐 묘비에 새겨진 글귀

2부

노란 환상통 /

사유의 방식*

그동안 덮고 자던 집착이라는 이불 걷어차고 잠적하려던 순간, 드렁크 내부로 해는 기울고 그가 갑자기 이불 속으로 꼬리를 개방했다

잘려 나간 13월의 유서를 그만의 방식으로 편식했는지 내 사유는 거미줄처럼 비명을 지른다 너는 관념의 세컨드가 아닌가, 새소리로 변명하는 저의에 관해서는 매번 오독한다 과도에 묻은 토마토 생살을 입술에 묻힐 때 피가 거꾸로 쏟았다, 더는 읽히지 않는 비문들

집착은 거미줄, 방금 새가 걸려들었다 파닥거리는 몽상의 계단으로 번지는 꽃의 이미지, 방마다 미이라 꽃들의 주술로 나의 성기는 감춰졌다 더는 그를 방치해 둘 수 없어 간헐적 혀로 실신시켰다

오 사이비, 사이비는 지하실에 가둬요 빛나는 것은 날개를 가졌다고, 교묘한 것은 꼬리를 가졌다고 감탄하기엔 이른 유희 거미의 자궁에서 사유가 울어요

광장에서 찾으려던 소울, 내리는 비의 간극과 간극, 드렁크의 피, 이중적 당신의 꼬리, 적의 뒤통수에서 벌목하는 과즙, 파고드는 집착과의 동침, 시스티나 성당에 공존하는 천사와 악마**그리고,

단단한 거미의 자궁에 착상된, 새, 새는 꽃을 낳고, 꽃은 구름을 낳고, 구름은 물고기를 낳고, 물고기는 파괴를 낳고, 파괴는 별을 파생하고,

솟아오르는 아틀란티스

* 김성로 화가 작품명

** 톰 행크스 주연의 영화 제목

거상巨像*

- 실비아 플라스 풍으로

안녕, 수없이 안녕, 칼칼하게 목메어도 안녕, 그렇게 안녕, 청춘 혹은 간절기

서풍이 불어오는 방향으로 피 토하듯 간절하게 불러 보던 이름들 하나하나 서쪽으로 지네 꽃이던 간밤에도 지네

불어오는 건 바람의 일 그 바람에 스러지는 모든 것은 저녁의 일 저녁과 꽃은 무관한 일인 듯 나는 그 저녁 견디며 한 시절을 지나네

내가 누린 모든 것은 아주 작은 세계 서풍이 불면 꺼져 버리는 희미한 갈망 그것이 나를 살렸고 그것이 나를 실신시켰네

당신의 방향으로 바라보는 건 바람의 일 그 바람에 닿는 호흡은 가늘게 흔들리다가 쉽게 사그라진다 설사 그것이 나무 곁을 달이 지나는 찰나일지라도

비명도 없는 절명의 순간이 오면 나도 날 선 붓을 꺾는다 가스에 머리 처박은 실비아처럼 극단이 최선이라면

이것이 마지막 눈물이기를, 그 다짐이 천 번을 넘는다 해도 아무렇지 않는 듯 태양을 보네 - 절대 오지 않을 것 같은 극단을 기다리며

안녕, 휘파람 불듯 안녕, 가슴 쓸어내리며 안녕, 그렇게 안녕, 서풍들

* 실비아 플라스 시집 제목

노란 환상통 1

- 망고홀릭에서

망고가 열린 해변에서
가장 노랗게 익은 시절을 딴다

몽유병 같은 치명적 시간은
매번 아찔했으므로
몽상의 해변에 뿌렸다

섬처럼 치솟은 망고나무는
갖지 못한 사랑의 환생이므로
심야에만 가슴을 여는 불구의 환상통

둥글어지던 마음이
초승달로 깎이며 기울어 갈 때
잠자던 악어들이 뭍으로 올라와
설익은 망고 캔버스에 노란 배 띄운다

몽유병 같은 사랑을 버리자
발작하던 환상통
수면에 가라앉는다

노랗게 울던 시절이
지독한 악몽처럼 지나갔다

이미 예고된 낙과였으므로
가장 달콤한 망고 타고
한 시절의 오브제를 떠난다

나는 망고의 시간 누렸으므로
죽음처럼 잊혀져도 무관하다

유령과 사는 사람

사람을 가슴에 묻으면 싸늘해지기에 죽어 가는 사람을 벼랑에 버리고 왔다 성부와 성자와 성령을 그으며

그런 날은 꼭 비가 온다

마음 다해 사랑했노라고 두 팔 벌려 비를 받아들이지만 끝내 비는 내면화되지 않는다 머뭇거리다 소멸되는 빗방울들이 자서전을 쓴다 나는 결코 그것을 읽지 않았다

다락방에 쌓여 가는 인형들의 외로움 세탁기엔 용량이 다 차 버렸다 탈수되지 않는 영혼들 문 뒤에 숨어 발현한다 빙의되기 전 이해되지 않는 문장 앞에서 오줌을 누면 어둡던 생이 확연해진다

손 짚는 자리마다 아픔이 묻어난다 뒤돌아보면 예고된 접속들이었을지도 몰라 가끔 가시가 박힌 채 돌아다니는 원귀도 있다 가시가 비에 젖으면 핏물 번지고 그런 날은 악몽을 꾸었다

대낮에도 유령을 기다리며 문 밖에서 오줌을 눈다 그 자리에 꽃 피는 시기가 오면 그리움도 온몸 버섯처럼 불어난다

당신을 몸에 붙이고 다니면 따뜻해지기에 벼랑에 두고 온 기억 끌어 모아 심장에 담는 습관이 생겼다 성부와 성자와 성령 그으며

그런 날은 꼭 바람이 불고 기다리는 사람들은 지하실에 숨어 있다가 튀어나와 기억을 할퀸다

어디로 가면 만날 수 있을까
세계를 정화해 줄 엑소시즘

오늘 밤 내가 사랑한 유령들의 집회로 천지간 지독하게 흔들리겠다

빗줄기의 힘

- 팽목항 세월호 앞에서

팽목항에 눈 감지 못하는 저녁들이 떠오르기 시작한다
풋내 나던 아이들 꿈의 출항 침몰에 휩싸여 비명마저 잠겨 버렸을 때
고래만 한 절망 조국을 덮었다

더러는 생존하고 더러는 꽃이 되어 피울음 바다로 물든 나날

바다에 안겨 영영 볼 수 없는 아홉 명의 흔적
천 일 동안 한순간도 포기하지 못한 채 등대로 서 있는 부모에겐

넋 놓고 갈매기로 떠도는 가족들에겐
날 선 그리움의 난간이었다
그 오랜 속수무책은 인장 같은 노란 리본만이 증명할 뿐
책가방 속 꿈들은 치어처럼 선명하게 공중을 떠돈다

수면 위로 떠오르는 세월호는 과중한 죄목의 무게로
잃어버린 삼 년 인양하지 못해 빗줄기의 힘 빌려 끌어올린다

비는 보았다, 침몰에서 통곡까지 한탄에서 봉쇄까지
해답 없는 절규는 천 년보다 긴 천 일의 파노라마였다

팽목항 녹슬어 가는 기억의 문 저편
노을에 절인 참담의 뱃무덤 떠오르고 있다
더러는 왜곡되고 더러는 불분명한 사유로
찬란한 청춘 유린당한 아름다운 꽃들에게 누가
재생의 빛 환원해 줄 것인가

때로 침묵은 통분보다 강하다지만
오늘은 살아 있어 부끄러운 목격자들 함성이
치졸한 침묵을 쓰러뜨릴 것이다
바다는 어린 꽃들을 껴안은 채 수심의 돌기 휘몰아
오직 칼날 같은 빗줄기 힘으로
묻혀진 진상 규명 끌어올리고 있다

로스구이

뜨겁게 달군 철판 위에
당신을 눕혔지요
잘 구워진
당신의 가슴살을,
허벅지살을 엉덩이살을
뜯었어요
아무 미련 없이 꿀꺽 삼켰어요
당신 가슴엔 사랑이
허벅지엔 굴욕이
엉덩이엔 슬픈 허밍이
불타고 있었거든요
우리는 시도 때도 없이 많이 먹어 댔죠
사랑은 사랑을
먹어도 먹어도
허기짐보다 슬픈 공허함
바닥난 사랑을 긁어 대는 소리는
숟가락으로 양푼 긁는 것보다 슬퍼요
메아리도 없데요
오히려 눈물이 나데요

연기 탓만은 아닐 거예요
사랑이 새까맣게 타는 줄도 모르고
꿀꺽 삼켜 버린
당신

불판 위엔
여운도 없네요

루비콘강 건너다*

거짓말이 혀 위에서 놀기 시작한다
이젠 따끔거리지도 않는다
주사위는 던져졌다
외치던 카이사르 목청이 붉은
루비콘강 건넌 후 로마는
되돌릴 수 없었다
새빨간 거짓말들이 DNA에서
이끼처럼 자라나는 역사를
거스를 수는 없는지
눈앞 루비콘강이 이를 갈며 우는구나
다 끝나고 난 후
그때 보여지던 모든 것들이
물 위에 뜬다

그러나 그것이 무슨 상관이랴
이미 역사는 흘러갔다

하루 더 유예를 위하여
내란은 시작되고
우리의 눈과 마음도 우리 자신을 속인다

피노키오의 코가 늘어나듯
꼬리가 길어지는 말들
자기기만으로 빠져
물고문보다 더 숨 가쁜 새벽녘

TV 채널에선 '멕시코에서 생긴 일'**이
나에게 생긴 일처럼 조여 오고
역사를 교란시키던 주범
거짓말탐지기에 잡히는 주파수는
심하게 파동 인다

그러나 그것이 무슨 상관이랴
이미 화려했던 밤은 지나갔다
어디로 흐를지 모를 루비콘강 물
입은 마실 준비가 되어 있다
두 눈은 그 역류를 녹화할 CCTV
따끔거리던 혓가시
달콤하게 변환한다

*되돌릴 수 없는 상황 ** 영화 제목

닭싸움

막대기 6개 있습니다 막대기 5개를 더하여 9를 만들어 보세요

막대기 나란히 6개 던져 놓고 친구는 사라졌다 도무지 가늠할 수 없는 문제가 눈앞에 있다 +−×÷ 다 동원해도 정답은 보이지 않는다 두뇌는 길 잃고 감정은 서늘하다 이 함정 같은 문제를 낸 친구는 삶을 다 터득한 사람처럼 어디선가 깔깔거렸다

사방으로 다 이으면 사각 감옥이 되었고 일렬로 이으면 고속도로가 되었다 직사각형으로 나열하면 비석이 되고 둥글게 이으면 무덤이 되었다 분명 깊고 깊은 철학적 사고를 동원해야 한다

구구단 문제는 아니고 상대성이론 동원해야 하는 고난이도 문제도 아닐 테고 그렇다고 웃음보 터지는 난센스처럼 고무풍선은 아니겠지 막대기와 씨름하며 성탄절 오후를 갉아먹고 있었다

여러 친구들이 갖가지 답을 내세웠으나 오리무중이었다 피자의 종류 치킨 종류 햄스터 종류도 암기하지 못하는 친구처럼 얼얼하다 구름의 종류 바람의 이름과 야생화의 종에 대하여 학습하지 못한 구닥다리 교수법에 대하여 한탄하면서 막대기의 조롱과 닭싸움 중이었다 일 대 다수 다수 대 일, 주사위는 던져졌다

한층 독 오른 적과 대적하기 위해 어떤 친구는 초콜릿을 먹었고 만두와 맥주를, 와인 혹은 10년 묵은 산삼주를 마시는 이도 있었다 난해한 이 문제를 해결하기 위해 여행에서 돌아온 친구도 있고 산행에서 하차했으며 홀인원의 꿈 버리고 모여들었다 닭싸움은 클라이맥스에 다다랐다 이제 피 볼 일만 남았다

NINE

사방에 붉은 핏자국 낭자했다 한 치 오차도 없이 막대기

는 제 역할 다 하고 비소를 띠고 있었다 완패! 수석도 꼴찌도 결국 다 죽는 법 아무도 우리의 죽음에 대하여 토 달지 않았다 통쾌한 죽음이었다

버리는 중입니다

버리는 중입니다, 침대를 침구를
화분을 죽은 꽃을
의구심을 의타심을

침대와 침구를 모으다 보니 태산이 되었어요
화분과 꽃을 키우다 보니 정글이 되었어요
의구심과 의타심을 조종하다 보니 파일럿이 되었어요

누울 자리가 없다고 통곡하는 당신
그 울음이 바람 몰고 와선 나의 영토를 지배하네요
아직도 무덤 찾아 헤매는 당신
나는 영원히 여기를 떠나지 않을 거예요
버려져서도 여기 있을 거예요
죽어서도 여기 있을 거예요

버리는 중입니다, 찬장을 그리움을
옷장을 수의를
연민을 찬란을

버림받을 때마다 나는 숲을 뒤져요
땅속을 파헤쳐요 하늘과 바다를 뒤적거려요
차라리 새를 모을까요
코끼리를 조종할까요
구름과 지중해를 수집할까요

나는 영원히 호모 사피엔스 사피엔스
아직 뇌가 부족한
손이 부족한
부족이 부족한 홀로그램족

버리는 중입니다, 무구한 기원전을

사적인 달*

내 몸엔 집시의 피가 흐르고 있어요
알고 있나요
자유와 이상향 구름 위에서 하프 켜는 나날
달그림자 아래 바람이 춤추고 나무 곁에 누워요
풀이 우는 시간이 곧 나의 피가 바뀌는 순간

달이 내 몸속에 있어요
차가운 협곡이 내 뼈예요
뼈끼리 음악을 켜요
살아 낼수록 죽은 공기만 즐비하던 실내에
죽은 사람의 옷이 가득해요
누가 깔아 놓았을까요
따뜻해지기엔 이미 늦은 습도
노랗게 익은 두통으로
만 장의 유서를 썼어요
누가 읽어 줄까요

달이 내 유서를 먹고 있어요
달은 나의 생애를 이해하는 듯
배불러져서는 대서양 위에 뱉어 내요
내 안에 달이 있는지 달이 내 안에 있는지
구분선이 사라졌어요
내 몸엔 집시의 피가 흐르는 것 같다고
오래전에 이야기했죠 보세요,
나는 지금 초승달 위에 앉아 있고
초승달은 나를 유도하네요
저 먼 기원전으로

* 러시아 설치 미술가 레오니드 티쉬코프의 작품명

악어와 칸나에 관한 담론

악어가 첨부된 파일이 도착했다

황당함에 밀착될 때 치킨 콜라나 치킨 맥주나 갈증 해소에 미치지 못하는 건 매한가지

벚꽃 축제 갔다가 사람 무리에 치여 부상 입은 날처럼 새가 싼 똥에 무릎 베인 날처럼 체스에 몰입하던 오후 송두리째 도둑맞을 때 간신히 슬픔을 건진다

악어를 밀렵하고 복통에 호소하던 사내의 검은 이빨로 목걸이를 만든다 미니스커트 속에서 자라던 방울뱀들이 일제히 자결할 때 사이렌 울린다 컬컬한 목으로 오리 떼 날아오를 때마다 당신의 뒷목을 물고 싶던 삼십 대 가고 없는 당신처럼 졸렬한 봄

이미 엎질러 버린 물에 자라기 시작한 식물의 사생활을 기록하는 일이 역겨워질 때 치킨에 콜라 마실까, 팝콘에 맥주 마실까 살아 낼수록 격해지는 갈증의 온도는 공허와 일맥상통한다는 것은 설탕에 절여지는 매실의 맨살을 보면 안다

UFO가 너의 집이었다고 타로점 여자가 일러 주었지만
사르트르의 사유처럼 나는 외로울 뿐

뒷골목에 핀 칸나의 입술이 유독 붉은 것은 살아온 날보다 살아가야 하는 날들의 리허설 같은 것 사막에 불시착한 비행기 부서진 날개에 희망을 꿰맨다면 우리는 달에 착륙할 수 있을까

지구의 공전처럼 지구의 자전처럼 당신의 주변을 배회하는 목마름의 형태에 대하여 논하는 행위는 결격 사유 그 배후에 대하여 정원사는 언급하지 않았다

사내가 사라진 플랫폼에 칸나의 비명과 이빨 빠진 악어만 첨부되었을 뿐

묘한 묘연

- 고양이 카페에서

지금 내 곁엔 아무도 없다
고독하다는 뜻은 아니다

어둔 골목길마다 툭툭 튀어나오는 길냥이처럼 자유롭지는 않지만 외로움은 공처럼 굴러온다 그렇다고 장미꽃 한 다발 장치하거나 인형 사들이지 않는다 빽빽한 책장에 책 한 권 끼워 넣기 위해 어느 길모퉁이 서점 전전하지 않는다 그건 진부한 일

가끔 주인을 맹신하는 애완견 동경하지만 사람과의 이별보다 더 큰 슬픔 몰고 올 예감 때문에 미리 상심 따위 끌어들이지 않는다 상심은 평화의 적 맹목적 인연의 값으로 눈물을 사고 싶지 않다

도도한 고양이를 조심하세요

가끔 집사가 되는 상상으로 온밤 가슴 설레기도 하지만 겨우 길들일 만하면 도망가는 무법자

아무것도 꿈꾸지 않으면 되지

꽃이 된다거나 죽은 후 이름 남기는 위험한 작업이나 고고한 여왕 된다거나 누군가의 줄리엣 된다는 비극적 상상들, 이젠 다 지나간 봄의 자국들일 뿐 가슴엔 마른 낙엽들 쌓이고 손가락 마디마디에 불손함만 싹트는 가을 입구에서 맥주 혹은 와인 한 잔으로 저녁 삼키는 건 고독의 우상들이 만들어 낸 피난처 고독을 견디기 위해 불로초보다 쓴 밤들을 건넌다

사람을 사랑한다는 것은 처음부터 끝까지 보이지 않는 영혼에게 상처라는 금을 준다 그리하여 더는 반복할 수 없는 실수와 실망들이 눈처럼 쌓이면 더는 열리지 않는 가슴, 그럼에도 불구하고 그런 적막 깨고 유리창 너머 뛰어든 묘연, 참 묘하기도 하지 살기 싫은 생을 살게 하려는 그 작은 몸짓

아주 자그마한 아기 고양이 눈망울이 백지보다 감정적이다 그 물 위에 남은 나날을 쓰기 시작한다 고독이란 지금

나에겐 사치 길을 잃은 나보다 먼저 길을 찾은 아기 고양이에게 나는 털어놓을 수 있을까 사막에 불시착한 경위를

생선 한 마리로 너의 온 생 채울 수 있다면 나의 가을은 온전히 너의 것 지금 내 곁엔 한 마리 아기 고양이만이 천사처럼 날아오른다 눈키스와 그루밍으로 감정 표현하고 갓 어미젖 뗀 그 당당함으로 내 생을 겨냥하는 발톱들

꽃이나 인형으로 치부하거나 값싼 시집 한 권으로 쓸쓸한 저녁을 산다는 것은 고양이의 저녁을 책임진다는 것보다 무의미한 일 나무와 나무 사이 숨어서 나를 기다리는 아기 고양이의 소리를 해독하는 밤들이 별처럼 빛나는 가을과 악수하자 사람에게 긁힌 자국들이 아물기 시작한다

아기 고양이의 사랑법은 곁을 주지 않고 경계하는 것 불러들이면서 거리감의 공식을 잊지 않는 것 아기 고양이에게서 너를 찾았다 매번 헛돌다 사라지고 잊을 만하면 불현듯 찾아드는 너를 다시 죽도록 사랑할 수 있을 것 같다

노란 환상통 2

- 망고 링고 홀릭

당신 보내고 노란 우산을 샀다

우산 열어 숨겨 두었던 망고 링고 마셨다

가슴 가득 사과 향 슬픔 요동쳤다

슬픔을 까서 바다에 버렸다

다시는 당신과 사랑을 나눠 먹지 않겠다

바다 한가운데 노란 섬이 솟아올랐다

햇살의 힘으로 겨우 노란 섬에 도착했다

우리는 사랑했을까

2.5% 알코올 도수에도 양귀비처럼 취하던 사랑

깨어나면 꿈이었다

우산을 끄고 코끼리처럼 울었다

익숙한 사과 향 슬픔을 낙타처럼 끌어안았다

다시는 당신과 이별을 나눠 갖지 않겠다

노을까지도 노랗게 익어 가는 섬

망고나무에 매달려 늙어 갈수록

나는 어제보다 완전해졌다

햄스터와의 동침

겨울 입구에 우린 하나가 되었지만 당신이 아직 내게 오지 않던 많은 봄들이 떠올라요

당신 근처 서성이며 바람의 방향으로 돌았고 빗속에 가려진 창을 입김으로 닦으며 꽃씨를 심었죠

자꾸 이가 간지러워 해바라기 씨와 당근으로 그리움 갉아먹으며 동굴 같은 어둠의 집에서 뒹굴다가 잠들던 시간

까만 똥들이 해바라기를 피우고 톱밥 아래 묻어 두었던 슬픔도 별꽃으로 피어나기를 얼마나 고대했는지

당신이 내게 오기까지 몇 첩의 봄과 몇 첩의 겨울과 안개가 흘러갔는지

가장 가까이에서 당신의 심장 어루만지는 일이 천 개의 별과 합숙하는 일 같아 한 조각 한 조각 뾰족한 이빨로 새기네 다음 생의 겨울까지

이제 우리 한 개의 심장으로 합체했지만 보이지 않네 당신의 눈

깊이깊이 동굴 속 우리의 아지트에 밝히는 가로등, 그 빛 끄지 않는다면 봄은 가까이로 걸어온답니다

어둠을 사랑한다지만 당신은 이미 내 손등 깨물며 번지는 빛, 혹은 내생까지의 봄

파장

천 일 동안 그늘진 곳은 내 방이었어요 뚝뚝 나뭇가지 꺾이고 검은 잎사귀는 넋 나간 내 귀였죠

비상과 추락의 경계선 아무것도 소화할 수 없는 소문의 부피 믹서기로 갈아 먹기엔 내 위가 공허했고 구름의 유언 같은 지푸라기들이 눈동자 가득 흩날리는 그 외딴 방

커피포트에 끓이는 물은 간혹 페르시아 카펫 위로 엎질러졌어요 당신이 두고 간 붉은 아네모네는 시들고 천 시간 동안 치욕 갈아 마신 믹서기엔 서풍이 몰려와선 연속적으로 심장 갉아먹기 위해 상아 이빨 겨누던 나의 중세

사랑하기보다는 미워하는 쪽으로 해는 기울었죠 다가갈수록 단절은 분명해지고 만져지지 않는 나무의 심장 왼쪽 팔 잘린 곰인형이 죽어 가는 나무 살리려고 지붕을 세운다

상생과 분해의 정점 천 일 동안 그늘진 곳은 내 거처였어요 위험한 상상과 지독한 환상 포크로 찍어 먹고 고독의 검

은 실로 커튼을 짜며 눈만 뜨면 빠지는 머리카락과 손톱으로 카펫을 제조하죠

상승과 하강의 포구 오해하기보다는 이해하는 쪽으로 달이 뜨는 방 당신은 바다가 보이는 섬에서 나를 부르죠 저 달을 갈아 마신들 바다가 섬을 포용할까요 바다가 섬을 포용한들 섬이 구름과 내통할까요

그늘은 그늘의 기억 달의 귀에 걸어 놓고 당신 안에도 당신 밖에도 발 담그지 않네요

냉소적 담론

다시는 내 생에 반복법 쓰지 않겠다 운명을 거래하는 내게 사소한 갈등들이 거미줄처럼 얽힌다 우연을 필연으로 오인했던 수많은 거짓말들이 단단한 유리문 만들어 버렸다

투명한 유리문 너머 반복의 횡포는 잡초처럼 자란다 그 뾰족한 풀칼에 긁혀 상처는 무디어지고 나쁜 영화 관람처럼 눈알이 뻣뻣하다

다시는 내 시에 반복법 쓰지 않겠다 반복은 상징의 결여로 인식되므로 제자리에 들어서지 못하는 낱말은 빛을 잃는다 호사로 시를 배운 당신처럼 구멍 난 가방 메울 수는 없는 법 은유의 비밀 캐려고 수억 광년의 별 헤매는 나에게 이중성은 변조다

지나간 치욕 잊어버린들 당신의 본성 갈아엎을 수 있을까 포장된 진실의 껍질 벗겨 냈을 때 향유할 그 무엇도 없는 사막이었지 복구하기 힘든 불신 유리문에 중첩되고 나는 쓰레기처럼 하찮아졌다

다시는 내 문장에 반복법 쓰지 않겠다 여우가 둔갑하고 눈보라 삽시간에 휘도는 극한에도 유일하게 끌어안던 문장은 결국 가짜였고 지독한 함정이었다 아무렇지 않은 듯 열고 닫는 유리문은 이제 철폐한다 그 얄팍한 혓바닥으로 은유의 세계를 관통하려 하지 말라는 경고가 우리 담론의 결말

한계란 지속이 아니라 절멸임을 다시 한 번 밝힌다 환상의 색안경 벗으니 비로소 하늘이 열린다

날개와 꼬리에 대한 편견

떠나가는 모든 것은 날개를 지닌다 태양도 촛불도 당신도 꼬리 감추는 12월, 그 꼬리 뒤로 13월이 올까요

나는 새 남자를 만났고 촛불처럼 타올라요 눈치채지 못한 당신은 내 꼬리 밟고 13월의 입구에서 서성거리네요 태양이 지는 방향으로 가세요 날개를 달고 외로움의 굴절을 건너세요

다가오는 모든 것은 꼬리를 지닌다 작은 상자 속 다이아몬드도 새하얀 웨딩드레스도 당신도 마술처럼 사라지네요 비밀 들춰내면 아무것도 없는 공터, 우리는 허공에 걸려 있는 달, 그 달의 꼬리를 겨냥하세요

일몰의 세계를 모방하지 마세요 우리 삶은 도박판처럼 정형적이진 않아요 이벤트를 모르는 새 애인은 접시에 13월을 준비했죠

나는 돌아가지 않는다 싱겁게 끝나 버린 연극 나를 데우지 못한 시간 안에서는 꽃이 필 수 없다는 걸 꺼져 가는 촛불이 말하죠 깨끗하게 꺼 주세요 심지의 미열은 서럽습니다

그
　렇
　　게
　　　안
　　　　녕,

초콜릿 키스

검은 시간들이 뱀 같은 추억들이 축복으로 변하네 지금은 너를 갖는 시간, 달콤함으로 추억을 녹여 버리네

사랑한다는 말 대신 당신의 영혼 끌어당기네 사랑으로 걸어오는 동안 부르튼 가슴 아팠던 어제가 사그라져요

새가 날아요 꽃이 웃어요 밀어들이 별로 떠요 나른해져요 혼몽해져요 어제는 물속에 잠기고 내일은 영원히 없는 시간 오직 지금만이 천국

사랑은 기다리는 것, 기다리면 뱀처럼 지루했던 시간이 녹아요 우리의 이야기들이 꽃밭이 되고 시가 되고 노래가 되네요

오세요, 거침없이 연체동물처럼 흐물거리며 식물처럼 살랑거리며 숨도 못 쉬게 달콤함으로 서로를 포박해요

우주의 모든 리듬이 우리에게 맞춰 흐르네요 은하가 우르르 쏟아져요 검은 시간들이 하얗게 내리는 시간 당신만이, 사랑만이 우주의 꽃입니다

새소리에 꽃향기 피어나다*

광장에 갔지 새의 비상은 멎고
죽은 시인들 낙엽처럼 나부꼈지
하마터면 떨어뜨릴 뻔한 진실
진부한 꽃들
악취에 젖어드는 노파의
말라 버린 눈, 틈새로
음악이 새어 나왔지

음악회 끝나기 직전, 문을 박차고
나와 버렸지만
당신은 거기 없었지
더는 접속할 수 없는 사이버 장례처럼
맹신하던 모든 것들이
서둘러 늙어 갔지
빗속으로 나선형으로
던져지는 새의 시체들

광장을 나왔지 새소리는 멎고
순리에 대하여 아무도

논쟁하지 않았지, 뻔한 논리
새처럼 날아드는 부음들

슬픔을 데워 먹는 족속들만이
꽃향기를 숭배하지, 새의 날개는 비늘이 퇴화되었다는 것
새의 울음은 음악의 근원이라는 것
꽃은 알지

* 김성로 화가 작품명

3부

손톱에 봉숭아물 드는 동안 /

순천만 갈대

비워도 비워도 비워지지 않을 때
순천만으로 떠나라

갈대끼리 서로 몸 부비는 소리
새벽을 깨운다
얇디얇은 몸 가느다란 팔
부비는 모든 것은 아마 뼈와 뼈가
부딪히며 내는 절망의 비명인지도 모른다
그 신음 소리에 이끌려
빙의된 사람처럼 무진교 지나
오르막 산길 따라 걷다 보면
순천만의 속살 훤히 내다뵈는 전망대에 이른다

쉬어도 쉬어도 마음 소란스러울 때
용산 전망대에 오르라

갈대의 천국 순천만 하늘 가득 흑두루미 떼 나르고
물 위에선 백조와 오리 유유히 흐르고 있다
농게 칠게 짱뚱어 노니는

일망무제의 갯벌 앞에 서면
누구나 건너온 몇 겹의 생 벗으며
그대로 갈대가 된다

걸어온 모든 생의 부스러기는
분홍 노을이 서산 등 뒤로 안고 간다
남은 건
비워지고 비워져서 완전한 갈대의 직립
누가 갈대는 흔들린다고 하나
누가 갈대는 여리다고 하나
갈대는 피도 눈물도 바람에게 맡겨 버리고
저는 온전히 하늘과 땅
바다와 사람 잇는 메신저로
군락 이룰 뿐이다

곁에 아무도 없고
마음에 섬 하나 없는 고립에 갇힐 때
순천만 갈대의 침묵과 합류하라

우리는 모두 갈대다

비가 와서 쉽니다*

애월 한담 해안도로에 새로 들어선 카페 마을
발리섬에 온 것 같은
이국적 풍경에 녹아들기도 했지만

자그만 음식점 붉은 등에
빛처럼 써 내려간
'비가 와서 쉽니다'
그 주인장 시심에 먼저 물들었습니다

문어라면 전문점이었는데
비 오는 날 문어를 배려하는 그 마음
혹은
모래사장에 옥빛 물드는 적막
차마 종일 바라보는 것 견디지 못함인지

정낭 걸어 놓고 붉은 등 위에 남긴
한 줄의 서신
빗속 오겹 바다보다
비가 와서 멈추어 버린 당신 마음보다
더 절절합니다

* 제주 한담동 음식전문점 'NOLMANCOM'에 적힌 문구

벨벳 이불처럼

시험 공부하다 잠든 아들
고생한다는 말 대신
따뜻한 벨벳 이불 덮어 주었다

뒤척이던 아들은 두 손으로
목까지 이불 끌어올리며
고맙다는 말 대신
신(神)의 미소로 답한다

하루 종일 환자 치료에 피곤한 딸에게도
무엇인가를 찾아 헤매는 표범 같은 남편에게도
내가 할 수 있는 일이란
조용히 응원하고 말없이 덮어 주는
따뜻한 이불 되어 주는 일

길 잃은 나그네에게도
길냥이에게도
외면이 아니라 이불 하나 내어주는 삶이
이 가을의 목적인 양

연분홍 꽃무늬 이불을
마음 가득 포개 놓는 아침

신(神)이 신발 벗고
내 마음에 들어오신다

손톱에 봉숭아물 드는 동안

진홍빛 꽃잎과 초록 잎 짓이겨 손톱에 묶는다
엄마는 딸 손톱에 애련을 묶고
딸은 엄마의 손톱에 청춘을 물들이고 있다

엄마는 딸의 나이로 거꾸로 산다는 말이 맞는지
손톱에 봉숭아물 들이는 동안
딸과 나란히 누워 비디오 〈하모니〉를 본다
火를 참지 못해 禍 속에 갇혀 花를 꿈꾸며
살아온 생은 손톱에 묶어 두고
비디오 화면에 푹 빠져 깔깔거리기도 하고
눈물 찔끔 흘리기도 하며
늘어진 소파 위에서 나뒹구는 스무 살 저녁 한때
온 집 안엔 봉숭아꽃 피었다

밥이 다 되었다는 신호음처럼 손톱이 아려 올 때
찌개 물 넘치는 소리처럼 손톱이 젖어 올 때
비디오는 종료되고 거꾸로 가는 시간도 종료되고
손톱에 묶었던 스무 살 꽃잎 떼어 내며
딸의 나이 되어 잠시 붉었던 설렘도 내려놓는다

열 손가락 끝 그 붉은 生 옮겨 놓은 후 말라 가는 체온
딸의 손톱에도 엄마의 연분홍빛 생애 젖어들까
살아오는 동안 두고두고 내 엄마가 내 손톱에 묶어 둔
애련도 대물림되는지
손톱에 봉숭아물 드는 동안 딸이 엄마에게
엄마가 딸에게 스며드는 하모니

花
樣
年
華*
禍가 花 되는

* 화양연화(花樣年華): 가장 행복했던 시절

식탐 죽이기

홍시 하나 쑥빵 둘
소시지 셋 흑우 열 마리
식성이 코끼리 코처럼 길어져요

생수 한 잔 커피 두 잔
레몬주스 석 잔 흑해 열 잔
목마름이 5대양처럼 불어나요

하지만 지식으로 채워진 정신보다
훨씬 홀가분해요

릴케 한 권 소크라테스 두 권
워홀 세 권 슈베르트 열 권
독파량이 북해로 뻗어요

책꽂이 하나 방 넷
책상 다섯 의자 열 펜 백 개
알고 싶다는 탐구력이 6대주처럼
불어나요

식탐으로 채워진 육체보다 훨씬
뚱뚱해요

홍시 하나 애인처럼 버려요
레몬주스 한 잔 고통처럼 잊어요
흑해로 가는 흑우 떼처럼
소화제가 필요해요

그러면 홀쭉하게 자작나무 어깨에
기대어 서서
멀어지는 물빛을 가늠할게요

그러면, 안녕
향긋한 모든 것들의 이름
나는 잘록한 세계에서 질리도록 독서나 할래요

당돌한 알리바이

사건이 터졌어요, 땅굴로 피신해요
아니면 수심 맨 밑바닥에 납작 엎드릴까요
아니아니 숨어드는 것도 탁월한 기획이 필요해
나방으로 전환하거나
여뀌로 변장하는 건 어때
불덩이 향해 화끈하게 죽거나
여뀌, 라는 예쁜 이름 남길 수 있잖아
이대로는 안 되겠어
이 사건의 원인 제공자지만, 이 사건의
종결자가 되어야겠어
아무도 믿어 주진 않지만
시한폭탄 주인은 나
휘말려드는 것 같지만 빠져나가는 중이야
슬픈 건, 강적은 인간이라는 점
인간만이 자아와 존재와 정신으로
무장한 거룩한 위장주의자
사람 위에 신 없고, 신 위에 사람 없는
세기말 풍류

회의주의자에겐 나팔꽃을
염세주의자에겐 연꽃을
나르시시스트에겐 수선화를 제공하세요
식물과의 접선은 필수의 조건
이번 사건도 극악무도한 혀 때문이니
반드시 식물성 윤활유로 처방하세요
혓바닥이 방울뱀처럼 꼬이지 않도록
쥐도 새도 모르게 원상 복귀하세요
나는 유령 회사 경영인이니 배후는 없는 겁니다
극악무도한 혀놀림을 살포하세요
쥐도 새도 모르게 해고된 인간관계를 백업하세요
땅굴에 누가 있나요?
물바닥에 누가 잠들었나요?
추종자가 죽기라도 했나요?
나는 뚱단지일 뿐입니다
사건의 전말에 대해선 off

나는 휴머니스트입니다
인간애 물컹 씹히는 인도주의자입니다
왜 자꾸 고문하십니까
누가 망명이라도 했나요?
나는 재구성된 유령회사 오너이니 건전합니다
당신의 혀를 조준할 계획은 여뀌, 라는 잡풀의 특허거든요
종결을 선언합니다
독재주의자의 완패입니다

매미

네가 내 안을 관통한 후
아무도 이 나무에 앉지 않는다

네가 내 안에서 울기 시작하면
내 몸엔 비로소 멈추었던
수액이 흐른다

아무리 당찬 다른 종족의 구애를 받지만
도저히 잎과 줄기가 미동하지 않는다

가장 격하게 흔들렸던 기억만이
나무의 호흡

그 자리에 박혀 서서
오직 그대가 날아와 울어 주기만을 바라는
환몽의 나무
아직 온몸 푸르러, 노랗게 물들기 전
한 번 더 격하게 흔들렸으면

詩

나의 본업은 시를 쓰는 사람이 아니라
시를 읽는 사람이라고
단지 시를 사랑하는 사람이라고
시를 보면 너무 들떠서 환장하는 미치광이라고
정정하고 싶은 밤

그 바닥은 얼마나 폭신폭신할까 상상하며
고투하던 철없는 시절이 지나면
그 바닥의 바닥이 훤히 보인다

내가 본 것은 역시나 절망이었고
내가 보아야 할 것 역시 절망이고
내가 해체해야 할 것 또한 절망이다

허나, 당신 똑똑히 들어라
한번은 온전히 까발리고 자폭하게 될 거라고
그러니 자숙하시길

아름답게 사는 방법은 사랑하며 사는 게 아니라
상관물을 잘 만나는 것
책임을 지는 것

냉정성은 현명해 보이지만
여럿 죽이는 사살 무기 같다
그러니 양팔저울에 부드러움과 관용
올려놓으시길

매일 맛보는 시 한 잔
만나는 내내 속 아픈 악연보다
뺑 차 버리고 그리워하는 아련함이 낫다고
넌지시 말해 주는

지중해성 따뜻한 햇빛이 그립다

예고된 태풍 오기 전 해바라기는 서둘러 피고
한 우물 판 사람들은 반짝이는 간판 걸었다
나는 쿠쿠밥솥 버리고 인형가게 앞 서성거리다
지중해성 기후가 그리워 남프랑스로 가는 티케팅을 했다
거기, 아직 고흐가 따뜻한 햇빛 쬐고 있을까
해바라기 시리즈 몇 번을 그리는 중일까
남이 아프든 말든 세상이 부도나든 말든
여행 기차에서 조는 당신 아름답기보다는 밉다
사랑의 기준이 헝클어져 버린 지금
나의 정원에 핀 해바라기는 심하게 찡그린 표정이다
태풍 너구리가 매서운 포즈로 꿈꾸는 나의 새벽 흐트려 놓고
새벽 다섯 시에 맞춰 놓은 모닝콜은 여전히 생생하게 울어 댄다
아직 정리하지 못한 감정의 빚 여행가방 지퍼를 열어 구겨 넣는 동안
너의 이미지는 카멜레온보다 익살스럽다

라벤더로 덮인 남프랑스에 가면 나는 너를 잊을 수 있을까
짓궂은 태풍 나비도 제비도 너구리도 이해하지 못하는 시간이 있다
우리는 다 덮을 수 있을까
가장 뜨거워지는 온기를 되돌려 버린 초침 소리가
거세어지는 빗소리보다 더 슬픈 시간
우리는 별이 빛나는 프로방스 아를 어느 카페에서
각자 다른 포크로 질 좋은 양고기를 찍어 먹고
야릇한 타국어로 시나 지으며 석양보다 더 붉은 슬픔 한 잔 들이킨다
타인의 상처를 걷어내면 자신의 속앓이는 잠잠해지는지
밀고에 익숙한 당신의 아기집은 안전한가
절필보다 무서운 건 단절이라고
심하게 등 구부린 채 핀 해바라기 한 송이 지켜보는 이 여름 참 쓰다

호텔 캘리포니아*

떠난다, 고 말해 놓고 주춤거리는 동안 해가 지네

오늘 또 높은 고지의 산정 먹이를 찾아 어슬렁거리는 하이에나 신세

캘리포니아에 있는 친구여 거기는 안전지대야? 이글스가 치열하게 외쳐 대는 천국, 아니면 지옥 영원히 떠날 수 없을 거라는 그 이국에도 노을이 붉네

네가 보내 준 노을 한 다발 그 실내에 내가 있고 천국이 있네

김빠진 맥주 한 잔과 쓸쓸함 읽다 만 시들이 널브러져 있는 겨울을 부정하다가 자꾸만 부둥켜안고 싶어

우리에겐 캘리포니아가 있지 하이에나가 아닌 표범이 되고 싶다는 어느 시인의 절규가 달팽이관 맴돈다

우리는 몇 마일 거리감으로 몇 그램 절망을 곱씹었던가, 를 측정하기엔 봄이 너무 가까이 있어 저 능선만, 저 노을만 극복하면 체크인, 체크인

그리고 절대 체크아웃은 하지 않을 거야

떠난다, 고 말해 놓고 주춤거리는 동안 노을 한 잔 참 붉네

* 이글스의 노래 제목

달빛 아래서 시를 지우다

달빛 위에 망상이라 썼다가 몽상으로 바꿔 썼다 그제야 호흡이 음악처럼 경쾌해진다 망상은 낙엽만큼이나 너덜너덜하게 많고 몽상은 무에서 유를 창조하는 예술 작업처럼 파닥거린다는 것

일 순위에서 다섯 손가락 구부려 보는 일은 초승달에서 보름달 건너는 환유 초승 부근에서 나는 쉴 새 없이 쏟아지는 권태와 노닥거리다 기린이 된다 무한대로 늘어나는 목 호흡과 달이 겹쳐질 때까지 당신을 향한다

상현 위에서 나는 상처를 옥수수 먹듯 하모니카 분다 사람과 사람 사이 벽은 너무 날카로워 긁히고 잘리고 박힌다 해부할 겨를 없이 내 몸은 수술대에서 튕겨 나와 공동묘지를 떠돈다 유령으로 살아가야 하는 슬픈 저녁들 상현달 절벽으로 추락하다가 다시 보름달에게로 전승한다

보름달 원 안에서 나는 야누스다 하나를 버리고 하나를 걸친다 수학자들의 숫자놀이에 낚싯대 드리운다 삶의 흑백 논리에 젖어 버린 판타지 낚아 올린 앓은 물고기에게 달빛 치료를 한다 두 개의 얼굴이 서로에게 키스하는 밤, 하현의 입구에서 탕진하는 사랑

하현의 방은 물의 방 모든 사물과 존재가 젖은 채 살아간다 젖다가 젖다가 귀착하는 물음들 내가 겪는 모든 고통은 예술인가

그믐의 레일 위에서 불씨를 읽는다 몸서리치도록 간절한 그리움이 달의 귀퉁이 베어 버릴 때 태양이 달을 가리듯 나는 그대로 꺼져 버렸다

달빛 위에 환상이라 썼다가 환몽이라 바꿔 쓴다 불규칙하던 호흡이 계이름 위에 올라탄다 지금 나는 당신을 지우고 달빛에 쓰여진 시를 지우는 중

결혼에 대한 담화

여섯 마리 열대어를 샀다
'물 생활'이 시작된 것이다
내가 만난 열대어 여섯 마리 이름을 알아내기 위해
이 지구상에 존재하는 열대어를
다 뒤지는 중이다

우리도 그렇게 만났다
지구상 수십억 인구 중에 뒤지고 뒤져서 만난 우리
'결혼 생활'이 시작된 것이다

1단계는 사랑 2단계는 소속감
3단계는 전쟁과 평화 4단계는 연민
그런 변화 겪다 보면 가장 탄탄한 직물처럼
조직화되어 간다는 것을 알 수 있다.

단, 열대어와 결혼의 공통점을 잊지 말 것
관심을 기울이지 않으면 죽어 버린다는 것

열대어 여섯 마리는 결혼의 후일담처럼
색깔이 다르다
서로 다른 유전자들이지만
끝까지 살아남아 한통속이 되는 일
서로에게 매일 로그인하는 일
물속에서 함께 부유하는 호흡량 조절하는 일

새벽마다 산책하기 전 들여다본다
당신의 숨소리는 어항의 열대어처럼
물 위에 떠 있다
언제부턴가 바라는 일보다
돌보는 일이 즐거워진다

내 마음의 야경

가야 할 곳 뒤로하고 헤매는 마음
그곳, 예전엔 참 살가운 마음들 모인 터전이었는데
지금은 마음도 발길도 닿지 않는 불모지로 변해 버렸네
고향이란, 발목 부여잡는 숱한 기억들이 모여 사는 곳
고향 같던 그곳이 얼음처럼 차가워진 건
술렁이는 소문과 뒷담화로
쓰레기 매립장처럼 악취로 가득하고
썩어 버린 정신 위에 세워진
황폐한 고성의 둔탁한 돌처럼
메마르는 마음 때문일지도 몰라
고향처럼 돌아가야 할 곳인데 마음이 꺾이고 꺾여
등 뒤 달처럼 멀어진다
달빛이 켜지면 별들도 모여들어 환해지던 마음속 야경
그 환한 실내에 스위치를 꺼 버린 당신네들
냉혈한에게 조종당하는 여리디여린 잡초처럼
무슨 정치한다고 불빛 없는 곳에서 마음을 부비고 있는가
멀리 빛 한 점으로 나를 부르지만
아직 내 마음 뭉쳐 있어 다가설 수 없네
달빛 켜진 밤하늘처럼 유유히 떠다니는 추억

버리지도 가슴에 끌어안지도 못해 한숨만 나오는데
남들의 과소평가는 무시하고 저 혼자 고고하다고 자처하는
그 사나운 꼬락서니란!
스스로 일류라 자축하는 그 어리석음이란!
차마 사랑할 수 없음이 안타까울 뿐
다가가지도 떠나지도 못하는 내 마음
휘황찬란한 빛들이 흔들리며 야유하는 것 같다
귓속으로 술술 박혀 오는 야비한 혹평들처럼

개인적 견해에 대한 고찰

아카데미 수상식 드레스는 화이트 옐로우 그린 블랙 아이보리 블루 각양각색이지만 핑크 드레스가 가장 돋보인다 인어비늘 드레스가 가장 감성을 자극한다 물론 개인적 견해다

여름 바다보다는 겨울 바다가 살아 있다 겨울방학보다는 가을 방학이 휴머니즘과 접목되어 있고 수학 교과서보다 국어 교과서가 로맨틱하다 아버지보다는 어머니가 그립고 내가 아닌 모든 것들이 경이롭다 물론 개인적인 견해다

생각이 생각의 꼬리를 물고 당신에게 다다르면 흠칫, 놀라게 된다 나의 뇌리에서 단 한 번 사라지지 않는 당신이라는 이미지 손 내밀면 만져지지 않는데 있었나, 왔었나, 격렬했나, 사랑했었나 파문만 이는 이것도 아카데미 수상식 핑크 드레스처럼 사실적 이론인가

통화할 수 없는 당신과 스팸으로 날려 버린 악연들 사이에는 어떤 공식이 성립될까 과장광고 때문에 멀어진 A타입과 하루 만에 쫑낸 B타입과 매일매일 물엿처럼 끈적거리게 만나는 C타입 사이엔 어떤 기후가 존속할까

나는 오늘도 H도서관에서 시집 골라 읽는 재미에 빠져 있다 골치 아픈 철학개론과 노닥거리기도 한다 이것은 너무나 잘나가는 당신에 대한 복수다 핑크 드레스 입고 가을 방학 즐기는 앵무새처럼 반복적인 수사법으로 울다가 개인적인 너무나 개인적인 노란 숲으로 숨어 버린다

이것은 두통보다 더 나른하다

사과향 불면

불면이 못 견디게 괴로울 때도 있지만 신선한 사과처럼 맛깔스러울 때도 있다 사과처럼 사각사각 씹는 하얀 밤 이백 년 동안 관에 갇혔다가 돌아온 뱀파이어는 태양을 두려워하는 전사 증오는 애정이 남아 있다는 증거 부활을 위해 러브 스토리를 읽는다

억지로 잠들던 때도 있었다 그건 못할 짓 차라리 불면을 영화처럼 살아 낸다면 연속되는 불행 이겨 낼 수 있다 뱀파이어가 되어 쇼핑한 물건을 풀어헤치고 하나하나에 번호를 붙인다 이백 년 후에도 기억하기 위해

오래된 집에는 비밀의 방이 있는 법 화려한 레이스 방으로 웅장한 방 이백 년 전 보석들로 가득한 방이 유물로 남은 저택 장애가 많던 우리의 사랑도 고전이 되어 버렸네

사과 한 입 깨어 무는 밤 오래된 전시장에서 정감 가는 찻잔들을 배열하고 꽃 액자를 와인병 뒤에 놓고 깨어나지 못하는 당신의 기억 관 속에 보관하네

깨어 있으므로 밤은 아름답고 결국 밝아 오므로 불면도 끝이 나고 나는 고전이 된 사랑과 함께 관 속에 있네 다시 이백 년 후에 깨어날 사랑 그때 우리의 유골은 무어라 명명될까 '201409 사과', 아직 입안에 물컹 차오르는

단추의 세계

그녀는 단추 수집가
버리는 것들이 많아질수록 단추의 세계는 풍성해진다

단추는 이미 버려진 것들에 대한 미련 어느 가을 친숙했던 블라우스 수명에 대한 애도 혹은 비 오는 날 덧입었던 비옷의 감정을 꺼내 보는 일 블라우스와 비옷이 노랑이든 분홍이든 색깔은 허구

지나간 것은 다시 돌아올 수 없기에 검은 빛이지만 남겨진 한 개의 단추가 푸른 한 그루 나무보다 거대해지는 시간 앞에 멈춰 서 보면 그녀의 삶은 뚜렷해진다

신호등보다 더 확고한 약속처럼 가두었던 밀폐의 공간과 단추의 거리는 좁힐 수 없는 종점 같은 것 아직 단추의 자리에 흠집의 울음소리가 떠돈다

그 흠집을 벗어난 감정은 예리해서 또 다른 세계를 끌어들이기도 하지만 단추와 단추의 교집합은 무엇이 그려질까 책상 침대 하늘 구름 책과 노트 감나무와 달이 소수점처럼 쫓아오면 그녀는 단추의 무게만큼 먼 계단을 오른다

단추의 변신을 혁명이라 한다면 그녀의 질주는 동행 그녀는 열고 닫히는 단추의 노동 횟수만큼 울었던 기억 때문에 단춧구멍은 창문보다 밝았다는 걸 잊지 않는다

그녀는 추억 수집가
버렸던 추억들이 단추처럼 기억에 닿으려고 대롱대롱 흥얼대는 빗방울 허밍

Crazy Crazy

왜 썩어 가는 감을 차 안에 그대로 둔 거야? 썩은 냄새 진동하여 손님에게 민망해 죽는 줄 알았어 -치우면 될 걸, 그게 그렇게 큰 문제일까

왜 쇼핑으로 좁은 집을 채우는 거야 책 꽃 화분 옷 가방 쿠션 인형 이것들은 생활의 조건은 아니잖아 홀가분하게 살자 욕심 버리자 심플하게 살자 -즐기면 될 걸, 그게 그렇게 큰 곤혹일까 공주처럼 모시겠다던 언약은 잊었나

맞대응은 사치이므로 내부가 분열되고 고요히 미쳐 가는 걸 멍하니 바라보다가 동네 한 바퀴 두 바퀴 열 바퀴 맴돌다 보면 비관이 옆에서 함께 걷고 있다는 걸 알게 된다 고흐를 이해하게 된다 실비아를 관조하게 된다 그들에겐 모두 타인이 있었다

향기가 그리워 장미꽃술 한 모금 삼키면 치사량의 절망보다 빠르게 속을 태워 버린다 노브라와 노팬티 그것보다 더 리얼한 나체로 공원 베롱나무가 앓고 있다 때죽나무는 높아서 목매달기 좋겠다 부정은 절망을 낳고 절망은 비관을

낳고 비관은 불행의 화살, 심장이 폭포처럼 흔들린다

그럼에도 불구하고 하나님 아버지 이름으로 살아 내야 거룩하므로 동행하던 비관과 헤어지고 귀가하여 사과 먹을래, 배 먹을래? 희망이라는 새 친구와 사귀기로 한다

비타민 C로 메마른 가슴 적시고 돼지삼겹살로 흉터 치료하면 새날이 올 거야 링거보다 필요한 건 시궁창에 버린 당신의 사랑에 대한 복원 타 버린 사찰 복원하듯 창세기부터 우리들의 논제였던 사랑의 기우제를 치르자

왜 썩어 가는 사랑을 치우지 않느냐고 하나님이 물어 왔을 때 미치지 않기 위해서, 라고 단문으로 답하면 쇼핑으로 채우는 실내의 사물들에게 찬물을 끼얹진 못할 거라고 확신하겠습니까

동네 한 바퀴 두 바퀴 걷는 것은 양 한 마리 양 두 마리 별 하나 별 둘 헤아리는 일 위배된 지나간 사랑 중요한 치료법이라는 걸 가늠하겠니

어두워지지 않기 위하여 졸렬한 당신의 이름 한 번 두 번 열 번 가슴의 문패에 새긴다 참, 내게 가슴이란 게 남아 있었나?

다음에

다음이라는 말과
연애하였지
다음에, 라고 당신이 말할 때
바로 그다음이 나를 먹이고
살렸지……
늘 다음이 와서 나를 데리고
갔지
당신보다 먼저 다음이
기약을 모르는 다음이
자꾸만 당신에게로 나를……
– 박소란 시 「다음에」 부분

그 후
다음에, 라는 늪이 싫어서
나는 당신을 혐오했지
다음에, 라는 무책임이 소름 끼쳐서
나는 연애를 버렸지

아니
다음에, 라는 무한한 공간을 부정하고
무한한 시간을 깔아뭉갰지

죽음보다 공포스런 미스터리 같은
다음에,
그 허무의 공
나는 날렵하게 발로 뻥 찼지

도무지 가늠할 수 없는 형상
도저히 껴안을 수 없어서
다음에, 라는 그리움
굶주린 악어에게 헌납해 버렸지

그 후
홀로
다음에, 라는 원 안에 갇혔지
연애를 잊었지
다음에, 라는 불꽃놀이
서서히 꺼져 갔지
그렇게
서로의 신뢰는 말라 갔지

봄은, 봄은
예고도 없는 기상이변처럼
극도로 황폐해 갔지

4부

스마일 마스크 증후군 /

내 마음의 결빙 지역

눈빛이 향하는 길로 들어섰지요
가슴이 일러 주는 길로 접어들었지요
따스했지만 채워지지 않는 어제
지나온 길은 순식간에 다 지워지고
눈앞엔 눈보라 하염없이 흩어지데요
꽃이 기다리고 있으리라 기대했던 그 희원
봄날이 펼쳐지리라 꿈꿔 왔던 상상력 위로
빗물이 눈발로 눈발이 눈보라로 정형화되데요
바닥은 금세 얼어 가고
사방은 눈꽃으로 만발했지요
따스함은 반드시 햇빛이 주는 건 아니데요
사방이 얼어 가고 있는데 운명은 따스하데요
이미 나는 응집되어 얼어 가는데 사방엔 빛이 찬연하데요
마음을 갈아타면 방향을 바꾸면
추락이 비상으로 전환되는 건 아니지만
결빙 지역을 관통하고 나면
하나의 세계를 극복하는 거라고
한 겹의 허물은 벗을 수 있다고
지나온 길이 암시했지요

더는 나아가지 말고 유턴하라고 경고했지만
길몽 없이도 예견 없이도
덮어 오는 폭설에 갇혀서
극단 대신 가능성을 의역했지요
당신은 폐간을 두려워했지만
나는 출판을 부정했던 부딪힘들이
눈이 되어 내리데요
위기도 절정도 없는 결말처럼
무표정으로 얼어 가데요

갱년기

앉은 자리마다 과열
알몸이어도 불옷 껴입은 불가마 속
겨울이던 불혹의 연한 피부가
가뭄처럼 갈라진다

지성의 칼날로 뾰족했던 정신의 문지방엔
건망증과 치매의 기미로 가득하고
홀로여도 함께여도 외로움의 극치
나의 냄새로 가득했던 방에 내가 없네

얼음 동동 띄운 달콤한 동백꽃차
당신의 내게 걸어오던 젊은 날 예감만이
갱년기 해소법
시커먼 커피나 속이 시커먼 바람둥이 따위는
비위에 거슬려 냉동실에 보관 중
갱년기의 해열제는 냉동에서 풀린
달콤한 당신과의 키스

그동안 채집한 나비의 간을
신성했던 과거의 입술에
繡 놓는 저녁

눈부시게 푸른 지중해 물빛에 샤워하고
알몸으로 지구 한 바퀴 읽고
서늘해진 촉감으로 당신의 이름 부르면
타들어 가던 노을이 잠기네

견인

버린 건 취기였으나
주소지가 사라졌다

밤새 펴부은 허무
사막의 모래바람처럼 바삭거리며 입안에 쌓여 갔지
끝내 집으로 돌아온 건 해골 같은 껍데기
주머니 속 지갑도
주소지 비밀 열쇠도 출처가 불분명했다
기억에도 바람 든다는 속설이 있다
슬픈 기억은 황천 떠도는 허깨비였는지
빛 잃은 눈동자만 아스팔트 구르고 있다
견인된 건 사내의 사십 대
뒤돌아보면 꽃잠 시절도 잠깐이었다
간밤에 품고자 한 건 낯선 향유가 아니라
말라 버린 희망의 온기였을지 모를 일

비껴가는 일들은 연유가 있다
어깨에 기댄 아내와 아이들 동화가 되어 가는 사이
사내는 메마른 사막이었지

구불거리는 길 너머 얼굴과 눈빛에 서려 있는
가시덩굴들
생의 도보 기록 송두리째 잃어버린 채 헤매던 사내
검은 심장의 내력으로 비에 퉁퉁 불은
한 시절 발견하고 끈끈하게 껴안는다

사라진 건 비가 몰고 간 기억이었으나
돌아온 건 쉰이었다

금동미륵보살반가사유상

반가좌로 앉아
흔들림조차 흔들리지 않게
슬픔조차 슬프지 않게
미소조차 흐트러지지 않게
고뇌조차 깨트리지 않으며
온 세상과 중생 끌어안고 있는
미륵보살

밤새 지옥을 지나온 중생은
엎드려 백팔 배로 사죄할 뿐
일만 근심 사라지지 않네
빛에 가려진 슬픔
슬픔에 가려진 미소
미소에 가려진 고뇌
생의 바다에 출렁거리네

언젠가는 나를 구제하러 오실 메시아
그 자비로
그 미소로

나의 일만 근심 거두며
억만 겁 풀려
미륵보살 오실 오백만 년 후

물살이고
새이고
꽃이 될 그 날,

등신불

아직도 음악은 흐릅니다
눈동자는 생생합니다
손길은 따뜻합니다
그 하루는 영원불멸합니다

하지만 고양이의 발톱은 날카롭습니다
바람의 살기는 번뜩입니다
밤의 취기는 동굴처럼 싸늘합니다

눈물방울 알알이
지옥불 거치고서야
부처의 뜻 알았습니다
나를 꽁꽁 묶던 인연의 끈
놓아준다는건 거룩한 보시라는 걸
잊어 준다는 건 공양보다 깊다는 걸

내 안에 뛰놀던 물고기
심해로 보냅니다
방생에 동참합니다

前生의 강 너머
現生의 바다 건너
기꺼이
나를 불태우는
肉火

질경이처럼 내내 어지럽히던
음악과 눈동자
손길과 그 하루
재 될 때까지 태우고 태워

이 생에 대한 미련과 아집
버리고
또 버리고
합장합니다

나무아미타불 관세음보살
나무아미타불 관세음보살

물잠

- 욕조에서의 30분

여행지에서 욕조는 또 다른 오지
실오라기 하나 걸치지 않은
가벼운 마음으로 거울 위에 눕는다
수면에 둥둥 뜨는 발가락들
지난 시간을 불리는 욕조는
가끔 바닥을 벗어나 공중을 난다

욕조가 여독보다 먼저 젖어
무릎잠에 이른다
차오른 물은 어느 지점부터 날개가 되어
꿈속을 질주하기도 한다
여행지에서의 물은 피보다 안전하게
몽상을 리드한다

잠시 어지럼증에 휘청거리면
거울에서 나갈 시간
예리한 거울의 모서리로부터
꿈의 왼편은 점멸한다

물에 불린 새하얀 피부는
새의 허파처럼 텅 비어 있다
유형지에서 떠나와
비로소 여행지의 욕조에서
나를 극복하는 밤

실오라기 하나 걸치지 않은
가벼운 생각들
내 몸에서 빠져나간다

욕조에서 208호 룸에 이륙하자
커피포트 물이 끓고 있다

오발탄

삶의 오지를 깨달은 순간 시작이라 말하지만 깨닫는 그 시점에 모든 것은 끝나 있었다

비상하기 위해 널 버렸다 비상이 지긋지긋해졌을 때 너를 찾아갔지만 너의 팔에 다른 팔색조가 매달려 있었다

슬픈 건 단절이 아니라 외면이다

늘 그런 식이었다 사표 쓰기 전 희열이 사표 쓴 후 통곡으로 바뀔 때 삶에게 이론은 없고 뒤통수만 있다는 걸 알았다

최고라고 여기던 우상들은 거미보다 약하고 단 한 번도 약한 자의 편이 되어 주지 않았다 피로 쓴 시들은 관념의 간통으로 오인되고 정의와는 무관한 괄호 속이 영혼의 집이라 여기던 아집은 누가 희석해 주나

부질 없다 지워 버리기엔 복통 나는 그 어느 날의 일기처럼 찢겨지고 찢겨지는 봄들이 빗나간 꿈처럼 즐비하다

해일처럼 나를 덮치던 마지막 사랑은 황홀했다 가식도 속박도 무모함도 달콤하던 생의 클라이막스 끝이 보이기 전 무지개 뜨고 진실은 통한다 믿었다 결국 비누거품처럼 허황된 결말이 되고서야 삶은 연극적인 패러독스임을 깨달았다

슬픈 건 오인이 아니라 오역이다

다시 무인도에 고립 되었다고 판정했을 때 환몽은 떠나갔지만 남은 건 허무가 아니라 순수였다

빗나간 모든 것은 우무에 씻겨지고 봄햇살 아래 졸고 있는 암탉처럼 평화롭다

절대적 숭배보다 그 울타리를 벗어난 고립이 더 위대하다는 것을 간절이 빗나간 그날 알았다

삶의 열쇠는 늘 달의 뒤편에 꽂혀 있다

아래로 쏟아지는 것들

누가 비 내린다고 하나
저게 비라니
누가 앞뒤 생각 없이 비 내린다고
사전에 교과서에 시집에
설교해 놓았나

저렇게 아래로
아래로만 쏟아지는 건 굴욕의 피
실컷 실토하지 못한 억울함의 호소
직선으로 사선으로 곡선으로
굴곡 만들며 풀어헤치는
하늘과 땅의 토론
아직도 매듭짓지 못하는
진정성과 기만의 결투
구토 같은 저게 비라니
단지 비라니

탄탄대로 승승장구하는 당신도
때로는 허수아비처럼 속이 비었다

소유와 맞붙은 한 판 승부에 열 올리며
무소유의 홀가분함 알 때까지
멈추지 않을 것 알면서도
수많은 계약서에 사인하지
울분은 참지 못한 화가 아니라
희석하지 못한 관계 때문에
폭발하는 것

공중에서 숱하게 머뭇거리다
착지해야 할 정점 잃어버린 채
아래로 아래로만 쏟아지는
저 무색의 갈망들
뉴스 속에서 언론 속에서
개인주의의 빗나간 계획 속에서
부서지네
유리알처럼 깨어지네
그렇게 속수무책인
세기말 스캔들

누가 저 쓸쓸한 추락을 비라고 하나

고양이 바텐더

이 세상 들끓는 쥐의 피로
이 세상에 존재하지 않는
미묘한 술을 빚는 고양이

이 세상 들끓는 부패의 피로
진동하는 이 세상 썩은 냄새
그 지독한 향을 제거할
경이로운 술도 가능하오?

쥐가 없다면 사향도 없듯
부패 없이 건설도 없는 법

가장 어두운 지하에서
지상 최고의 빛을 빚듯
가장 지독한 악덕에서
세상 최고의 도덕이 연출되지

이 세상 파렴치하고 난해한
술, 술, 술과
청렴을 섞어 만든 칵테일을
부정부패, 당신께
권합니다

오늘 메뉴는 완벽한 비율의 맛

이 세상 뒤흔들던
쥐도
부패도
온데간데없다
아련한 하울링만 헛돌 뿐

유리장

너는 나에게 말한다
행복 뛰어넘는 슬픔 누리라고
슬픔 뛰어넘는 행복 맞이하라고

마음을 다해 젖어든 시간도
때로 별처럼 지는 법

다시는 환한 대낮 웃는 일 없다 해도
건너온 시간이 환하게 웃고 있을 거라고
유리관 속 장미 붉은 입술로 말하네

거역할 수 없는 이별
거역하겠다고
꽁꽁 동여맨 너의 싸늘한 몸

나는 너에게 고한다
실체 없는 행복은 유리관 속 마네킹이라고
지하 미라에 불과하다고
뜻밖의 부재는 영원히 기록할 수 없는 자서전이라고

영혼 다해 바친 시간이었기에
완벽한 부재는 불멸과 동의어
유리관에 너의 기억 봉하네
다비식 거행하네

사방엔 덩굴장미
사슴 곰 개 고양이 방울새 불러 모으고
구름 타고 너와 뛰노네

너는 나의 유일한 불멸
네가 없다면 나도 없고
썩어 가는 너의 기억일지라도
그 곁이면 나는 완전하다

신화병

신화인가 사실인가 애매모호해지는 그런 날 있다 가슴에 넘치던 믿음 증발하고 사랑받고 있다는 확신 바늘에 찔린다

당신의 손은 바위 깨뜨린다 눈동자는 대지 태우고 입은 폭풍우 일으킨다 관용으로 버텨 내던 좌우명에 먹구름 인다 불안한 예고처럼 온몸이 가렵다

별안간 번개 치는, 그런 날 있다 느닷없이 주변이 어두워지면서 심장이 새까맣게 타 버리고 호흡곤란증에 부딪칠 때가 있다 피해자에겐 반드시 가해자의 칼이 등장한다

순하던 당신이 파괴적으로 난파한다 에리스*가 왔는지 애정에 불화가 끼어 공격적 언어가 난무한다 건너온 행복의 수심은 깊었으되 풍랑의 원인은 사소한 것 제우스와 헤라는 인간의 한계를 나무의 침묵에 접목시키고 번개로 위협한다

가슴에 맞은 화살은 입으로 나온다 입으로 나올 때는 뱀처럼 독 품고 번개처럼 우세하다 평화의 집은 순식간에 폐허다 신들의 저주가 인간을 좌지우지한다고 나약한 기록은 하지 않겠다

그럼에도 불구하고 디오니소스 포도주가 필요한 시간 우리의 신화에 더 이상 먹구름이라는 빛깔을 그려 넣지 않겠다고 먹구름의 빛은 다 짜 버리겠다고 얼마간 남은 바람이 지나간다

신화인가 사실인가 애매모호해지는 막연한 날에도 뮤즈가 남긴 시 가슴에 심는다 시는 거인도 악마도 불행도 녹여 버리는 무서운 힘 있다는 것을 오래전에 체득했다는 듯 불화를 시로 녹여 버린다

당신이 있다는 것 그것은 신화가 잉태한 사실의 오묘한 꿈 깨어서도 꿈속에서도 뱀이 되고 야수가 되는 지옥이 되고 천국이 되는 계단

그 계단이 운명의 수레바퀴처럼 자라난다

* 불화의 여신

편집증을 편집하다

한쪽으로 쏠리는 눈알 건조해지면 북극 얼음에 살살 문질러요 헤픈 쇼핑이나 반복되는 사교회 드로잉처럼 날렵하지만 그 이면에 불어나는 허영의 면적 강남으로 진출해도 되겠어요

당신은 핑크다이아몬드처럼 유일하고 특별한 혜성 미풍해장국 속 소피나 콩나물 만인의 입맛 진달래전에 붙은 진달래꽃잎처럼 콤비로 지옥까지 직행하면 안 될까요

어제는 어제의 우산 안에 쏠려 있을 뿐 다음 날 태양과 접속할 수 없나요 벚꽃도 제멋대로 피었다가 제멋대로 져 버려 찬란을 기다려 주지 않네요

당신의 해안선에 닿기란 하루에 세계 일주하는 일처럼 불가능한 일 저속한 삼류 소설처럼 은밀한 중고책방에서나 만나죠 매일 아침 세수하고 나면 기억이 사라져요

우리가 꿈꾸는 모든 것은 판타지 같은 것 비누로 세척하면 현실이 될까요 사프란에 담그면 인간적인 너무나 인간적인* 삶을 향유할 수 있을까요

한쪽으로 쏠리는 가슴 고비사막에 펼쳐 다이아몬드방울뱀**도 딸려 온다면 기꺼이 나를 편집하겠어요

* 니체의 작품명

** 가장 치명적인 맹독 뱀

지천명

긴 외출에서 돌아와
각자 방으로 간다

관여하는 것도
관여당하는 것도
초월한 어느 지점

아직 마무리하지 못한
가뭄의 시간 헛돈다
할 일은 태산이나
부드러운 광기로
태산을 허물어 버린다

풀 한 포기 돋아나지 않는
화분에
자꾸 너의 이름 심는다

한 점 기억으로 내부와 외부
접목시키지만
그것마저 불투명한 감옥

각자의 방으로
사식 넣고는
극단을 꿈꾼다

비관론자와 낙관론자

- 존 레논에게

그 누구에게도
비관론자 혹은
낙관론자라
판정할 수 없다

당신이 이 지상에 남긴
뮤직과 레터와 삶

반은 낙관적인 별로 빛나고
반은 비관적 핏빛으로 물든다

가끔 흘러들어 오는 풍문의 이면처럼
액자에서 웃는 당신

때로는 비관적이거나
때로는 낙관적으로
울려 대는 기타처럼

당신은 있다가도 없고
없다가도 있다

어느 워커홀릭의 비애

한 워커홀릭*을 알고 있다

협곡처럼 험준한 나날 껌처럼 씹으며 달다 달다, 외치는 그의 생애 빨랫줄에 헐렁헐렁한 코를 눈을 손가락을 심장을 차례로 넌다 빳빳해지는 미래를 상상하면서

말려도 말려도 다려도 다려도 펴지지 않는 절벽 그 절벽 뒤에는 구름이 있다고 믿는 저녁들을 렌즈에 담으며 눈알을 씻는다

폭포와 폭포를 잇는 스페인 가장 위험한 왕의 오솔길 넘나드는 그의 두 발 고무공처럼 튀어오르고 그리스 광장보다 넓은 들판 누비며 하품도 잊어버렸다

몇 개의 산 넘자 무지개 떴다 수천 개 빗줄기 삼키자 해 몰려왔다 누가 말했던가, 태양은 하나라고 그에게 태양은 무한대 하늘엔 하나만 걸렸을 뿐 누가 말했던가, 사랑은 하나라고 그에게 사랑은 무덤 지상엔 사랑만이 유효하다

향기 없는 미소 베어 버린다 만져지지 않는 노을에게서 쓴맛이 난다 그는 그 생소한 쓴맛을 끌어모아 빨랫줄에 널었다 달콤함 뒤에는 쓴맛이 딸려 온다고 바람이 속삭여 줬지만 믿지 않았다

렌즈에 담았던 새 떼들이 송두리째 탈출해 버렸을 때 비로소 구부러졌던 손가락들이 방향을 잡기 시작했다 위대한 손으로 코를 눈을 심장을 새 떼를 재생했을 때 이미 그의 실체는 없었다

한 워커홀릭을 알고 있다

왕의 오솔길에서 만난 구릉의 구름처럼 미처 깨어나지 못하는 환몽의 비늘 온몸에 수식하는 자 그가 하나의 세계를 걷어올리자 하얀 비가 내리기 시작했다

* 일 중독자

낯선 여자

누군가가 찍은 사진 속에
낯선 어떤 여자가 있다

내가 생각하는 이미지와 완전히 다른 여자
한때 긴 생머리 출렁이며 바다처럼 넓은 꿈 키우던 여자
배낭 하나 짊어지고 세계를 누비던 여자
음악에 미쳐 음악이 된 여자
그림이 좋아 명화에 익사한 여자
꽃이 좋아 꽃에 영혼을 바친 여자
온 세상의 시를 끌어 모아 삶을 엮은 여자
사랑을 위해 심장을 바치는 여자
지구 종말이 와도 사랑을 포기하지 않는 여자
눈물을 폭포처럼 화끈하게 쏟는 여자
남 앞에서는 절대 눈물을 상영하지 않는 여자
오직 웃음만 드러내는 이중적 여자
심야 영화를 좋아하는 여자
밤 고양이처럼 밤을 낮처럼 지배하는 여자
남이 던진 돌에 맞아도 굴복하지 않는 여자
진실을 횃불처럼 밝히는 여자

누구더라
내가 아는 여자
익숙한 여자
애착이 가는 여자
가끔 가여워 안아 주고 싶은 여자
살아도 살아도 슬픔인 여자
애써 웃는 여자
록처럼 맘껏 비명을 지르는 여자
사랑하는 이에게 로망이 되고픈 여자
여전히 소녀 감성인 여자
삶을 절대 포기하지 않는 독성 있는 여자
매일 휘파람 부는 경쾌한 여자
비전 있는 여자
21세기 맞춤형 여자

누군가 찍은 사진 속
희망을 번지게 하는 낯선 여자
아니 너무나 익숙한 여자
애착이 가는 한 여자
주머니에 넣고 싶은 여자
심장이 따뜻해지는 감성 만점인 여자

영원히 별처럼 먼 여자
우주에 유일한 여자
참 사랑스런 여자
그 누구도 부럽지 않은 여자
제 멋에 겨워 가수처럼 산다
배우처럼 산다
세상의 주인공처럼 매일 날아오른다

수장水葬

인도 바라나시 갠지스강
사람들이 모여든다

제 몸 씻고 마음 씻고
목마른 현생 적시기 위해
물 앞에서 수그린다

그러다 사후에도
새가 되지 못하고
갠지스강 물이 된다

그러므로 갠지스강은
인도의 성지인 동시에
무덤

나는 하루에도 몇 번
갠지스강 주변 서성거리다
물속에서 잠든다

향기로운 죽음과 쇼핑의 목록

죽음의 전야제는 그야말로 화려했다 우리는 그 짜릿함을 잊을 수 없다

스타킹, 가죽벨트 2개, 생리대 1개, 명품 가방 11개, 여행가방 3개, 쫄바지, 코트 몇 벌

원하던 것보다 한 수 위인 인연이 있다 갓 장식한 장미꽃바구니거나 장례식장으로 배달될 화환 한 박스의 유리컵 같은 것 흉물이지만 결코 지나칠 수 없는 피아노 같은 것도 있다

당신이 나를 위해 준비한 금관이거나 목관 희비가 엇갈리는 줄거리 소설책들 끈으로 꽁꽁 묶은 당신의 일기장 펼치면 나비가 되어 버리는 당신의 문장들

더는 다가갈 수 없는 당신의 비상처럼 구슬픈 음반들이 지금 내 손에서 울고 있다 박사 확인증, 망명 확인증, 결혼 증서, 여권 따위로 당신의 행방을 추측하겠지만 그것이 사랑의 깊이를 측정하는 기준은 아니라는 걸 아직도 당신은 모른다

몽유병처럼 심해지는 쇼핑 중독증 아직도 S백화점에 지불해야 할 장기 기증 서약서가 화환처럼 선명하게 보관되어 있다

이 세상에 금기란 없다 금기라고 쓰여진 모든 문서는 가짜다 죽음으로 가는 절차는 가장 쉬운 계단으로 짜여져 있다

검은 구두, 배냇저고리, 브래지어와 팬티 세트, 니트, 명품 접시, 꽃그림 커피잔, 찻잔 세트, 장식장, 침구 세트, 방석, 쿠션, 커튼, 당신의 결혼사진 액자

그야말로 내 그리움의 목록은 고전 음악보다 웅장하다 요정보다 환상적이다. 시황제 지하무덤보다 파급적이다 내 손은 큰 손으로 거듭났고 상상력은 거대한 대양보다 부피가 늘어난다

자, 오늘은 대하소설 분량만큼 쇼핑을 즐기자 대부들이 집단으로 내 목을 요구할 만큼 짜릿하게!

칩거증후군 1

훨훨 날던 날갯짓은 잊어버린 채 누에고치가 되어 간다 누에고치가 그 골방의 어둔 기간 견디면 나비가 된다는 건 옛말 이제는 나비들이 누에고치가 되려 한다

나비가 되어 겪은 세상은 아슬아슬한 줄타기 같았어 전쟁과 기아 혹은 문명과 과다한 소비 서로 모독하고 밟아 버리네

함께 아니면 안 될 것 같던 세상살이가 참 별거 아니라는 생각, 안으로 오므라들수록 행복해진다 코쿤족이야, 나는 안전지대에 갇혀서도 외로워하지 않으니 안락함에 길들여져 더 이상 사람의 온기가 필요하지 않으니 다시 누에고치가 되었다는 증거

오라는 곳 많아도 사양해 갈 곳 많아도 제껴 버리자 나홀로족 습성에 물들어 세상의 평화는 넘쳐나지 여긴 인형과 소통하고 사이버와 대화해 외로움 따위는 사치야 일회용품과 홈쇼핑이 있고 전화 한 통이면 퀵서비스로 배달해 주는 식사 홀로 보내는 시간은 시기와 질투도 절약되니 행복은 배로 늘거든

초대받는 시간이면 오히려 불안해지는, 장례식장 가는 날은 오히려 불편해지는, 파티가 겹치는 날은 오히려 포기하고 마는 나는 코쿤족

언제부터였지? 집이 우주였던 것이 날개를 접어 옷장에 밀봉하고 누에고치가 된 것이

칩거하는 모든 종족에게 자비를!

칩거증후군 2

새벽 비 내린다 다시 누에고치가 되어 갇힌다 갇힘으로써 존재를 인식한다

그제는 시회를 불참했다 어제는 장례식장 가는 것을 잊어버렸고 오늘 독서회 참석은 미지수다 일벌레 되어 능수능란했던 달음박질 기술도 퇴화되어 버린 지 오래 출근의 의미가 불분명해진다

일부러가 아닌데 일부러가 되어 버리는 기피들 혼자 있어야 편해지는 습성이 혹처럼 생겨나 타인은 이미 버리고픈 물건으로 분류되었다 커튼 내림은 행복의 시작 집만이 왕궁이다

새벽 비는 오후 비가 되고 저녁 비가 되고 밤비로 전환하는 동안 허물은 첩첩이 쌓인다

왕궁에는 모든 것이 갖춰져 있으므로 더 이상 필요한 것은 없다 남편과 두 아이를 위해 산다지만 이미 독립된 개체 어린 시절 공주처럼 환대해 주던 어머니만이 비밀 키를 갖고 있다

숲에 살던 소로보다 잠자는 숲속의 공주보다 더 행복해지기 위하여 노력하지 않아도 행복한 여기는 누에고치방

삶으로 성립하기 위해서는 절대 드러나서는 안 된다 빗소리에 갇힌 방 갇혀서야 자유로워지는 존재론적 삶

오늘도 비가 와서 다행이다

칩거증후군 3

모두 치열하게 사는데
혼자 방구석에서 우주를 느낀다

모두 빠르게 휙휙 달리는데
혼자 제자리 맴돈다

모두 뚜렷한 목적지 향해 질주하는데
혼자 자유롭다

모두 제멋에 겨워 살맛나게 노래하는데
혼자 뒤편에서 머뭇거린다

모두 부유를 추구하는데
혼자 청빈과 줄다리기를 한다

모두 해외파가 되는 중인데
혼자 토속적이 되는 중이다

모두 이념과 비판과 구술의 천재인데
혼자 웅얼거림에 머물러 있다

모두 미사일보다 위태롭게 사는데
혼자 느릿느릿
혈전과 담 쌓고 산다

큰 원이 내 기준이 아니라
작은 원이 내 우주다

뮌하우젠 증후군*

새파랗게 질린 일기장엔 아직 빠져나오지 못한 구름 귀 한쪽이 있죠 자꾸만 불어나는 거짓말들이 빠알갛게 타고 있어요 그녀의 화장법이 달라졌어요 프랑스식 눈꼬리로 세인을 응고시켜요 구름이 자꾸 팽창하는 건 거짓말의 온도가 모기 사망 온도와 흡사하기 때문이죠

그녀의 거짓말은 지하 창고에서 숙성한 것 아무도 거짓말의 경로를 모르죠 꿈속에서도 거짓말은 자라 장미덩굴처럼 불어나요 정글의 나무처럼 무성해져요 누가 막아 줘요 그녀가 위험해요 거짓말들이 그녀의 화장법을 조종해요 눈꼬리가 산모퉁이를 지나요 산모퉁이 지나면 절벽, 그녀의 추락을 막아 주세요

그녀가 각색한 각본 속에 갇힌 남자들은 이빨이 다 빠지고 발톱은 닳았어요 하늘이 파란색이란 걸 잊어 가요 새로운 행성이 팽창해요 마약처럼 흡입하는 그녀의 거짓말 피 흘리는 그녀의 가면 사계절을 부수는 그녀의 연극, 멈춰야 해요

* 타인의 사랑과 관심, 동정심을 유발하기 위해 자신의 상황을 과장하고 부풀려서 얘기하는 병.

잔인한 합체

용서한다고 생각한 일이 재난에 휘몰린다
증오를 끄고 화해와 접속했는데
기억의 숲 클릭할 때마다
용암이 분출한다

감정은 천 개의 눈을 가졌다
그건 증오를 덮어 보면 안다
밀월의 시간들 기울어질 때
증오가 끝 감정이라 생각하면 오산

여름 내내 폭염을 껌 대신 씹었다
폭염의 불기가 빠지고 말랑말랑해질 때까지
사막의 내장에서 헤매었다
접속의 힘은 결여된 채
긴 항해의 서편으로 너의 그림자만 기웃거렸다

실체는 원수의 정원에서 오수에 빠지고
껍데기는 지중해 물빛처럼 위태로웠다
내 기억의 어느 곳에서 너는 몹시 아름다웠고

내 망각의 어느 곳에서 너는 노인처럼 우울했다
그래서 견디기 힘들었다
천국에서 보낸 한 철과
지옥에서 보낸 한 철을 교류해야 하는 시간에도
아니라고, 아니라고
믿어 온 너의 순수는 용암에 휩쓸려 버렸다

보지 말아야 할 너의 방을 접속하고 말았다
입문하지 않아도 이미 능숙한 감정 수업
위배된 너의 관념으로 갈취하려던 음모가
재난처럼 분사되었을 때
실존이라는 슬픈 착오로 왼쪽 눈이 멀어 버렸다
증오가 혐오감과 반죽 중이었다
그 어느 때보다도 난폭한 복수였다

삐끗거리던 모든 감정과 그리움의 원료가
깨끗이 표백된 추억 속에 잠겨 버린다
휴화산이 활화산으로 진입하는 것처럼
활화산이 휴화산으로 휴면기에 드는 것처럼

아무렇지 않게
우리는 분리되었다

곧 먹먹한 계절이 올 것이다

5부

하염없이 비처럼 내릴 수 있을까 /

8월을 회고함

태양이 두려운 건 처음이에요 작열함이 토마토처럼 터져서 온몸 아토피처럼 번지죠

샤갈의 판타지 고흐의 해바라기 피카소의 우는 여인 클림트의 키스, 고갱의 물음에 빠진 나날 우리는 어디서 왔고, 누구이며, 어디로 가는가*

지난 8월엔 폭염이 폭등하여 생각마저 부도났어요 미래로의 출구가 패쇄되었어요 고갱의 물음은 정답이 없네요

해바라기는 발광하고 피카소의 여인들은 시끄럽게 우네요 파파팍 팝핀댄스 추는 태양 아래서도 뜨거운 클림트의 연인 키스는 어쩌면 고갱의 물음의 답일지도 몰라

사막과 습지에 사는 사람들의 사고력은 극과 극일 거예요 폭등하는 폭염의 살기에 손목을 긋는 사람들 노란 황시증 앓던 고흐가 해바라기에 열중하던 날도 세상 떠난 날도 아마 8월이었을 거야

최악의 더위는 맨드라미 주름치마를 플레어로 만들어 버리는 잔혹성, 기름진 땅을 사막보다 더 건조한 몸으로 전환해 버리네

그렇게 내 몸도 무말랭이처럼 시름시름 앓던 여름도 가고, 사방엔 모네꽃 고흐꽃마네꽃 고갱꽃 피카소꽃 클림트꽃 천지네요

* 고갱의 그림 제목

빨간 스톤웨어 냄비

몇 번 태우던 스테인리스 냄비를
결국 까맣게 태웠다

까맣게 타고 나서야 버리게 되는 것이
냄비뿐이랴

닿을 듯 닿을 듯 닿지 않는 불모지 마음들도
새까맣게 타고 나서야 끝을 알고
바닥에 달라붙은 흉터만 남긴다

스테인리스 냄비 대신
단단한 스톤웨어 냄비 세트가 배달되었다
북보헤미안 지방 조각장이 만든
가스레인지 전자레인지 오븐에 사용 가능한 냄비라니
내 생이 다시 뜨거워질 것만 같다

냄비 하나 바꾼 것뿐인데
심장이 다시 뛰는 건
가열해도 끓지 않는 낭비된 시간에

작별을 고하는 것
빨강 파랑 노랑 연두색 네 개의 냄비는
남은 내 삶의 사계절
뜨겁게 달구게 될 열망이다

오래 달인 무 국물에 오뎅을 삶아
나눠 먹으며 당신과 대낮을 견뎠으니
모든 저녁과 아침은 빨간 스톤웨어 냄비 안에서
팔팔 끓으며 깊어질 것입니다

N극이 N극에게

사로잡힌다는 것은
살며시 한 영혼에게 건너가는 것이다
오랜 간절함들이 그 영혼의 뒤척임 상관없이
젖어드는 것이다

가까이 다가설 때면
한쪽 눈 감아 버리는 마음은 외눈박이 물고기
물방울 이끼처럼 돋아나는 설렘들은
지느러미 간지럽히며 언저리에 닿는다

마음들은 돌아서는 일에 익숙해서
언제나 귀퉁이를 돌아 과거로 진다
스며드는 건 자연스러운 일이라
더 깊은 곳으로 흐르지만
서로 다른 시대 같은 공간에 있는*
안타까움들이 깊은 외로움의 지도를 그린다

내가 앉아 있는 정원
의자가 놓여 있는 자리까지 오기엔

너무 먼 마음들이 주춤거리며 어지럽히는 밤
언제나 다가가면 닿을 수 없는 거리감들이
흐느끼는 시간

사로잡힌다는 것은
아무도 없는 어두운 방에서
과거의 마음이 미래의 마음에게
편지 쓰는 일처럼 공허한 일

두고두고 편지 써도
백 년 내내 오지 않는 답장처럼
한쪽 눈 감아 버리는 외눈박이 물고기
그 비늘을 바라보는 가장 슬픈 일

하염없이 한 방향으로 헤엄치는 마음들이
빈 의자에 도착하는
같은 시대 다른 공간
물방울 이끼들이 소름처럼 돋아나기 시작한다

* 영화 '엣지 오브 더 가든'

거짓말의 화학 반응

심문은 소문과 같아
일대일 마주 앉아 변명하는 사람 말만 채집하니까

나에게 남아 있던 숭배자도
입살 좋은 사이코의 사냥개로 전락해 버리네

꼬리에서 꼬리 무는 새빨간 거짓말들
분쇄기로 갈아서 주스로 마시라지

풍차가 돌기 시작해서 멈추는 시점이
거짓말의 자전 기간이라면
고전의 두께처럼 겹쳐지는 심장 발작은
지구 종말의 공전들

산불은 순식간에 천 년을 태우고도
변명하지 않는 철면피
사냥개의 알리바이처럼 가학적이다

가장 어두운 지옥의 악마가
너의 두 눈에 내려와선 섬을 어지럽히고 있다

언제부턴가 심문과 소문을 투명인간으로
대하는 버릇이 생겨나
구토 참으며 지옥을 통과하지만

풍차가 돌기 시작하여 멈추는 방향이
너의 무덤

얼마 남지 않은 가면의 시기가 지나면
가차 없이 너를 심문하고 체벌하겠다

살리에르여,

와인바

나는 나를 알기에 늘 역부족이다

맨 밑바탕에 스케치할 때는
오름 능선처럼 다 드러나는 듯하더니
그 내면의 지도를 그린 후에는
예상 밖 실내 인테리어 와인바

몇 년 산입니까
묻는 당신에게

당신의 내면 온도는 몇 도입니까,
구름을 덧댄다

의도하지 않은 구름이라면
당신의 반응은 몇 년 산입니까
그 후에 대화할까요?

전혀 다른 인생을 걷는 당신에게
호주산 와인 제조법을

신년 계획처럼 선물한다면
구름의 온도를 감지할까요

나를 알기에 역부족인 혼란기에는
가장 오랜 프랑스 스타일 와인으로 샤워하세요

당신은
고가의 인격체가 될 것입니다

자서自序

드라마 '기황후'를 보거나
그 주제곡 포맨의 '가시사랑'을 듣거나
달콤살벌 로맨스 영화 '오싹한 연애'를 보거나
배반과 지독한 복수 영화 '두 여자'를 볼 때면

'로미오와 줄리엣'을 보던
'바람과 함께 사라지다'를 보던
'폭풍의 언덕'을 보던
'아마데우스'를 보던
호세 펠리치아노의 '레인'을 듣던
멜라니 세프카의 '가장 슬픈 일'을 듣던
'호텔 캘리포니아'를 듣던
아말리아의 '어두운 숙명'을 듣던
청춘의 방이 함께 딸려 온다.

니체의 광기가
쇼펜하우어의 염세주의가
괴테의 구름이
보들레르의 악의 꽃이

랭보의 지옥에서 보낸 한철이
이오네스코의 외로운 남자가
까뮈의 이방인이
생텍쥐페리의 어린 왕자가 사는 별을
순례하던 긴 여정

겨울에 임박해서야
하얀 뼈들이 겹쳐진
자작나무숲이 되었다.

이제는 그 숲에
바람이
새들이
구름이
눈송이가
꽃잎이
머물다 갈 것이다.

아듀, 시린 청춘!

흰꼬리사슴
- 자화상

혼자인 것을 좋아한다지
흰 꼬리로 위치를 알리는 친구는 둘이나 넷
너무나 예민하여 조심조심 새벽을 거닐지
노을 물드는 저녁을 사랑한다지

식성도 식물성
나뭇잎이나 풀, 나뭇가지나 열매 찾아
성긴 숲 배회한다지
계절이 바뀔 때마다
몸은 붉은빛이거나 회색빛이거나
식물로 가득한 배 속이므로
정서도 식물성일 거야

겨울을 좋아하는 낭만주의 습성은
몇 억 년이 흘러도 이어 갈 종족
설야가 몇 천 년 지속되어도 감성은 살아남아
하얀 눈과 흩날릴 거야
소복이 쌓여 가는 사슴운동장에서
시를 읊을 거야

하지만 순하다고 얕보지 마라
견딜 수 없는 혹한이 오면
가장 먼저 뿔을 눕히는 치명성
결코 눈을 떠나지 않는 전력
뼈째 고스란히 숲으로 환원하는 생애를
사슴이라 부르자

시인이라 명명하자

아들에게

크리스마스라고
남편과 바비큐 치킨에 캔맥주 마시려는데
먼저 울컥, 아들의 빈자리 가늠한다
우리는 최남단 남쪽에 있고
아들은 북쪽 경기도 동두천에 있고
그 사이 유콘강만 한 그리움의 줄기 흐른다
너는 바비큐 치킨을 좋아했고
노래를 즐겨 불렀고 영화를 사랑했지
책꽂이엔 네가 읽다 만
체 게바라가 너를 기다린다
나는 감히 네가 세계를 변화시키는
위대한 혁명가보다는 네 삶을 변화시키는
작은 혁명가가 되기를 바란다
그것이 나라를 구하는
가장 맨 처음의 도약

크리스마스라고
네가 좋아하는 바비큐 파티를 하며
가슴 언저리에 잘잘거리는 너의 음성을
캐럴 삼아 흥얼거린다
너는 알래스카의 물곰처럼
그 거대한 빙하를 건너 봄으로 건너오겠지
외로울 때면 휘파람 불어 보렴
네 안의 노래가 세상에 닿게
무언가 그리울 때면 상상을 해 봐
한 편의 영화처럼 너를 견딜 수 있게
이 엄마도 네가 내게로 건너오는 동안
유콘강만 한 그리움 건널게
우리 오리처럼 잘잘거리며
강을 건너자

연어의 체온

크리스마스 아침
언니가 준 연어통조림을 열자
먼 알래스카에서 온 연어 한 마리 뛰어올랐다
연어는 강을 거슬러 올라가 산란 후 죽는다는데
거대한 빙하를 견디고 유콘강 떠나와
나에게 닿은 너는 내 가슴이 고향이구나

여기에서 너의 체온으로 테마랜드를
만든다면 어떨까
너의 죽음이 너의 산란이
과거로 사라져 버린 기차처럼 슬프진 않을 거야

연어알비빔밥 연어크림파스타 연어김치찌개 연어양상치샐
러드 나초 찍어 먹는 연어딥 연어바게트피자 연어보리밥샐
러드 연어주먹밥 연어케이크 연어오믈렛 연어샐러드김밥

크리스마스엔 모두 너를 기억하고
알래스카의 오로라가 될 거야

언니는 내 가슴속 깊이
연어의 체온을 심어 거대한 강을 이루게 하네

그렇게 살아야 하는 거야, 언니?
작은 우리 집 마당 키 작은 맨드라미가
알래스카 연어처럼 산란을 한다면
흩어진 엄마 언니 오빠들이
그 작은 방으로 다 모여들까

연어가 속살거리며 먼 대양의 체온을 내려놓네
메리 크리스마스,
내 생의 샤머니즘

네일아트 숍에서

여자의 속내와 입살로 헤어 파마 올리는 동네 미용실보다는
시적이다
손톱의 크기와 비례한 앙증맞은 도구들
손톱 위에 하나의 세계를 구축할
갖가지 색 매니큐어 유리병들
말과 겉모습보다는 은밀한 미소와 살살한 침묵으로 유혹
하는
보이지 않는 생의 압축판 같다
여자들은 여기에서 무엇을 꿈꾸는 것일까
양귀비 클레오파트라 혹은 앙투아네트
그미를 훔치고픈 욕망 손톱에 물들인다
잘록한 개미허리와 사슴 같은 긴 목을 잃어버린 여자들은
또 다른 여성성이 필요하다
나는 모든 당신의 예술품, 박물관에 전시되고 싶다
손톱 위에 완공된 베르사유 궁전
속눈썹 위에 키우는 별
불멸의 피부와 노화되지 않는 붉은 입술
영원과 그 영원 이후까지도
삶의 등록증에 등록하는 시간

고유성을 가진 나이면서 또 다른 이탈의 나
아니면 샴쌍둥이 같은 정신의 중복자로 세상은 난해하다
나는 너무 작은 세계
그 세계를 메우기 위해
작은 손톱 위에 거대한 성을 설계하는 여자들이 몰려와
소란스럽다
한 번 출입할 때마다 별을 따는 여자들
클레오파트라가 되는 여자들

참 아름다운 세상입니다

러시안 블루

변신의 그날 말해야겠어요 기억이 빛이라면 내 눈빛은 영원히 꺼지지 않을 거예요 나의 태생은 섬 고양이 여왕의 애묘로 귀족풍이었지요 푸른빛 감도는 재킷과 온화한 제스처로 사람의 가슴을 겨냥하죠 외로움은 금물 만찬과 조명과 와인만으로도 눈빛이 노랗게 변하죠 빽빽이 채운 다이어리는 언제나 풍성해 어둠까지도 달짝지근하게 요리하죠

날카로운 발톱과 이빨은 잠시 여왕님이 보관해 두세요 자작나무 아래서 지친 여독 풀며 노래할래요 별도 달도 내 꼬리 끝에 내려와 기타를 튕기네요 집시처럼 세레나데 울리네요 잊지 말아요 봄은 다시 온답니다

파랗게 파랗게 내 눈동자 속으로 오세요 누구나 바라볼 수 있지만 마음은 하나 따뜻한 고향의 바람을 좋아해요 어머니가 물려준 연민만이 열쇠죠

섬 고양이의 변신은 무죄 여왕의 애묘는 이력의 한 부분일 뿐, 휘파람 부세요 별들이 뿌린 페로몬 따라 소리 켜는

휘파람 노예가 될래요 기억이 빛이라면 내 눈빛은 어둠 속에서도 영원히 꺼지지 않을 거예요

미네르바

부엉이는 황혼이 저물어야 날개를 편다*
발설의 죄로 까마귀는 쫓겨나고
대신 미네르바의 신조가 된 부엉이
그 또한 숨은 죄 있어 낮에는 고개를 못 들고
밤이 되면 울기도 하고 날갯짓한다

지혜의 끝은 어디일까
원죄와 발설의 죄 중에 더 무거운 것은 무엇인가
아버지의 머리에서 나온 미네르바
전쟁과 시, 지혜를 누리며 세상 주무른다
한때 까마귀처럼 한때는 부엉이처럼
한 울타리에서 낮밤을 논하던 기억은
까마귀 시대처럼 사라졌다

오해와 질투가 빚어낸 전쟁은 난잡하다
왼팔을 잃고도 멈추지 않는 추파는
사람의 귀를 난청으로 만든다
나는 까마귀를 잃고 부엉이를 얻은 미네르바

부엉이의 지혜를 따르며
삼 년, 십 년, 백 년 전쟁 중인 전사다

질투도 사랑이라고 오역하지 말라
자신의 지위에 위협을 느낀 제우스가 아내를
먹어 치우듯 질투는 삼대를 태운다
그것이 사랑의 승리라고 자만하지 말라
부엉이가 황혼이 내려야 날개를 펴듯
헛소문 뿌린 입살은
자신의 삼대를 태우고 또 태운다
부엉이는 그날까지
미네르바를 지키고 있는 신조神鳥라는 걸
철학이라는 걸

* 철학자 헤겔이 한 말

에코랜드에서

기차를 타고 숲속을 달렸어요 숨 가쁜 오후 곶자왈엔 멸종 위기에 처한 동식물이 숨 쉬고 있어 멸종 위기에 놓인 당신을 숨 쉬게 하고 싶었어요

메인 역을 출발 수많은 역을 지나는 동안 구름은 늘 따라왔어요숲에 가려진 당신 마음이 언뜻언뜻 고개를 내밀었지만 틈이 전부보다 더 환하다는 걸 그때 알았죠

들어 보세요, 새소리를

붉은 모래에서 노란 꽃으로 갈아타고 푸른 호수에서 다시 검은 돌로 갈아타는 동안 당신에게 이르는 거리가 이렇게 마디마디 철길이라는 걸

언젠가는 당신과 달릴 수 있겠죠 문을 닫았지만 저만치 우산 쓰고 달려오는 당신의 마음이 보여요

숲이 모든 걸 가렸지만 에코는 알겠죠 분화구에 놓여진 애기뿔소똥구리의 마음

철교 지나 억새터널 지나 협곡, 분화구 지나 숨골과 돌담 지나가는 동안 내내 생각했어요 숲과 암석과 가시덤불이 뒤엉킨 당신 마음이 곶자왈이라고

슈가 크레프트

말랑말랑한 슈가공에 한다 손의 힘 말랑말랑함에 얹으면서 아주 잠깐 가슴의 비명 누른다

별판 누르면 별 되고 왕관 판 찍으면 왕관 나비 찍으면 나비 진주목걸이 누르면 진주목걸이 되는 눈앞의 손 그림은 가슴 벅찬 생애

달콤한 색소 넣어 분홍색 연두색 파란색 보라색 주무르는 대로 하나의 풍경이 되는 현재 허나 배후는 어둡다 꿈같은 출판기념회와 차가운 조문 축제 같은 동창회 건너오며 어제는 술빛 슬픔에 만취해 추억을 배불리 먹었다고 넋두리하고 싶었다

어머니 무릎이 그리운 저녁 타인의 기쁨과 슬픔이 가슴 연못에 한꺼번에 쏟아지면 슬몃 당신의 방으로 건너가선 죽음과 노닥거리며 구차한 의문들을 잊고 싶었다

말랑말랑한 슈가에 가슴 통증 반죽하여 만든 이 하얀 나비를 뭐라 불러야 될까 인도에서 건너온 노란 카레가루 매운

향기처럼 톡톡 쏘는 변이적 그리움, 그 다락방에서 또 하루를 견딘다

내가 보낸 나비를 받았나요 반문하면서 내가 띄운 말랑말랑한 문장 소화하셨나요 후회하면서 그래도 행복합니다 자기위안 하면서 당신의 책으로 가득한 책장 모서리에 서서히 굳어 가는 슈가 케익과 쿠키 올려놓는다 말랑말랑함이 당신의 외면에 딱딱하게 굳어 버리는 인간애를 아쉬워하면서

또 오늘 밤 나의 역에 도착할 당신의 문장 기다린다 쿠키보다 더 고소한 문장 사이사이 그 어떤 통보가 끼어 있어도 울지 않겠다고 미리 써 보는 유서 나에게 달콤함은 없다, 당신의 두드림 없이는

온탕에서

졸립군요, 하실 이야기 다 하셨나요
발단으로 시작된 대화
결말에 다다르면
안녕, 그렇게 외마디 던지면 되나요
여행 목적은 성공적이네요
끝내는 드러날, 알게 될, 터뜨릴 사람의 모형
설계할 수 있으니까요
졸립군요, 마지막 남은 수면의 섬 끌어올리니
결국 모두 한 형태
안다는 일, 무료하군요
빈 마음이 가볍군요
어지러울 정도로
온탕에 담갔던 그리움
살이 벗겨질 정도로 밀어낸 연민
밤새 뒤척이며 불가마에 익힌 흉터
사람이 사람을 섬이 섬을 바람이 바람을 섬긴다는 건
불가마에 자신의 업 태우는 일처럼
뜨거움을 견디는 것이군요
비어서 오히려 따뜻하군요

바람 불어와 등 떠밀면 나는 또 나의 길로 날아가겠지만
졸립군요,
모든 게 사라져 버린 지금

전지적 작가 시점으로 당신을 베다

he를 만나고 온 날, 처음으로 자위를 했고 쓰고 싶던 소설의 첫 문장을 썼다

he를 만나는 데 영원이 걸렸고 he를 아는 데 하루로 충분했다
그것으로 소설의 실마리를 찾았다고 She는 건배했다

소설의 첫 문장을 쓴다는 건 발단의 단추를 여는 일이고 새로운 생이 시작된다는 것과 같다

절정일 때 그는 침을 뱉었다, 라고 쓴다
이게 유토피아야, 맞지? 수십 번 지껄였다, 라고 쓴다
나는 달나라를 탐색하고 싶어, 라고 쓴다

he를 아는 데 하루가 걸렸고 She를 잊는 데 영원이 필요하다

그들은 하루 만에 간통을 했고 영원을 나누었고 이별의 키스를 했다 그들은 호우 시절을 보내고 소나기에 흠뻑 젖었다

she는 매화꽃이었고 벚꽃이었고 진달래꽃이었다 사과였고 앵두였고 복숭아였다

she는 별이었고 달이었고 나무였고 나타샤였다

he는 전사였고 투사였고 장군이었고 왕이었고 시인이었고 친구였고 남편이었다

he는 K였고 H였고 T였고 Y였다 고양이었고 흑범이었고 독수리였고 사자였다

하루가 영원이라면 영원이 하루라면 거짓말이 진실이라면 진실이 거짓말이라면

모든 허구는 미스터리다

he를 만나고 온 날 처음으로 자위를 했고 쓰고 싶던 소설의 첫 문장을 썼다 자위를 한 이유로 더 살고 싶어졌으므로 발단의 단추를 열었다 문장은 출렁이기 시작했고 죽음에 닿는 꿈, 연작이 되어 간다

베스트셀러는 가장 단순한 플롯으로 비롯된다, 사랑아

죽음의 공식

타나토스와 히프노스는 항상 우리의 머리 위에 있다 '파이널 데드티네이션' 시리즈를 보는 건 죽음으로의 초대인 것처럼

살생부 목록엔 항상 내가 있다 반전도 있지만 결국 죽는다는 거 영화 속 영화 '사랑은 죽음을 부른다'와 다음 개봉작 '죽음이 우리를 갈라놓을 때까지' 그 베일의 이름 속에도 죽음의 징조가 깔려 있다

나는 달라 처음 느꼈던 자유의 하늘로 지금 나는 가고 있어 신이 지명된 죽음보다는 낫겠지 상대도 실체도 없는 데자뷔로부터 조종되는 것 다양한 죽음의 방식에 다이빙하는 것보다는 낫겠지

처음 운전면허증 받던 날 맨발로 빨간색 아반 떼 몰고 인도를 순례했지 과거에도 미래에도 없을 해탈 내 속의 오아시스와 내 안의 공허를 동시에 본 그때가 나의 전성기였어

꿈속에 자꾸 나타나는 죽음의 예감들 죽음의 고리 어쩌면 인도가 예시였을지도 몰라 반전도 있지만 결국 죽는다는 거 백화점 호텔 수영장 에스컬레이터에 가득 깔려 있는 죽음의 그림자들 로리, 로리 아무리 불러도 이미 레일 벗어난 기차가 덮쳐 오는 것을 막을 순 없지

죽음의 영화를 보며 사과주를 마시는 밤 죽음과 겹쳐지는 인도가 있다 그 순례지는 까마득히 잊어버렸던 당신의 주소지다

폐업

간판 내린 지하실에서 영화 〈은교〉 한 편과 야생화 이름 하나 고사리 넣은 육개장 만들며 하루를 견디겠다고 쓴다 고사리처럼 쓰다

80년대식 절망은 너무나 빨리 왔다 새마을 운동과도 같던 철두철미한 일상들은 어디서 숨바꼭질하는지 나 혼자 먼 섬에 두고 갔다

편두통약과 안정제 한 알씩 먹고 심장과 붕대를 감았다 가끔씩 술판에 나갔으니 건진 건 허무요 시판에 나갔으나 폐에 눌러 붙은 위선 한 줌

아직 정리하지 못한 어제를 표시하는 짐들이 창고에서 난동질 부린다 아직도 뉴스에선 이라크 총성이 멈추지 않는다 그게 무슨 상관이랴, 합류한 내 가슴에도 총성이 빗발치는데

어둠이 내리면 꼭 그만큼의 그림자만 한 쓸쓸함이 깔렸다 80년대 일기장 한 귀퉁이에 휘갈겼던 절망 먼 길 돌아 찾아온 옛 친구처럼 얼싸안아야 하나 등 돌리지 못하고

눈 뜨면 연체된 고지서에 깔려 죽을 것 같아 살아남기 위해 우체통을 미리 봉쇄했다 우체통도 사식을 거부할 권리가 있다

손톱에 자라는 절망의 두께를 손톱깎이는 감당할 수 없다 멀리서 라일락 향기 날아오면 온몸에 소름 돋는다 밥이요 옷이요 정신이던 감상은 한낱 사치품

건너편 상점에 불이 꺼진다 나의 산업전선에도 이상기후 깜빡인다 그래도 내일 철문을 열겠다 나의 철칙이다

별이 빛나는 밤이다 별을 헤아리는 게 마이너스 계좌 헤아리는 것보다 경제적이다 영화 〈은교〉가 상영되고 분홍 산딸기꽃 달처럼 피는 봄 고사리 넣은 육개장 깊은 맛이 쓰디쓴 절망을 건너간다

하염없이 비처럼 내릴 수 있을까

하염없이 내리는 일은 비의 의무일까 권리일까
하루 종일 비의 내막을 읽으려는 의도는
맹점도 없이 달리는 나의 사랑과 닮았다

언젠가 내린 비는 오늘 내린 비는 아니다
언젠가 닿았던 바람의 촉감은 오늘 바람이 아니다
날마다 생소한 감정들이 비처럼 내리고
휩쓸리고 침수되고 이미 못 쓰게 된 감정도 쌓였다

단절과 단절들이 때로는 영원의 실체라고 믿는 건
그 단절의 이면에 쌓인 맹신의 위력 때문이라고
자위도 하지만 더는 가까이 가지 못하는
선인장 가시 같은 불신도 돋아나

어제는 한통속이었으나 오늘은 적이 되고 마는
사랑의 이름들을 지우려고 비는 내린다
하염없이 내리는 일은 비의 의무일까 권리일까
비가 멈추면 세상의 페이지는 넘어가겠지만

비가 내리는 동안의 호흡은 한 권의 시집 밖에서
헤매고 있을 것이다

그렇게 비에 섞여
아무렇지 않게
하염없이 내릴 수 있을까

캔슬

취소했습니다, 일요일 밥벌이, 살아 있음의 호흡까지도 미리 질려 버린 걸까요 시작도 하기 전에 몸은 영악해 아침 열 시부터 밤 아홉 시까지 어제 캔슬 난 일까지 덤으로 두 시간 더 회의의 시초입니다

목매달던 일도 이렇게 캔슬하고 나면 내 밖의 생 치열함도 생생함도 타국의 일 나는 나 이외의 아무것도 아닙니다 잠시 잠깐, 어젯밤 시간 외 수당이 떠올랐고 캔슬 후의 후유증이 난독증처럼 어지러웠습니다

난독증과 난해증 사이까마득히 잊어버렸던 따뜻한 감정들이 어항 금붕어처럼 파닥거리는 걸 가만히 지켜보았습니다 병실보다 더 무거운 집 죽음보다 더 지독한 어둠유서 쓰는 마음으로 지난 생을 씹었고 약 대신 짜디짠 눈물을 삼켰습니다

우리 생 어느 부분에 캔슬이 몇 컷이나 숨어 있었을까요 배낭여행의 캔슬 소풍날과 수학여행 미팅과 결혼식 버림받은 날의 지구 일식의 눈동자 그대와의 약속나는 수없이 취소하면서 만들어진 실패작이었을지도 모른다는 결론

하루 종일 마른 바닥에서 할딱거리는 물고기처럼 헉헉거리며 누운 채로 있었지요 캔슬 난 일들이 난파선처럼 허공을 떠돌았고 어제 상영된 한 편의 영화가 좌뇌 우뇌를 차지한 채 멈추지 않았지만 추호도 나는 그 영화의 주인공이 되기는 싫었습니다 온몸의 기력이 다 빠져나간 내 안은 쭈글쭈글합니다 물 한 모금으로 목축이며 하루를 살았습니다 사랑했던 기억만으로 캔슬을 넘어섰습니다

어제를 캔슬할까요
그러면 오늘의 캔슬은 회복될까요
유서를 쓸 정도로 나는 위독합니다

시 속으로의 잠입도 당신으로부터의 도피도 내 생으로부터의 쫓김도 영영 캔슬할까요 일요일은 영원히 떠오르지 않는 무인도로 기록되겠지요 오늘 하루 저는 공쳤습니다 공순이는 일당만 빼면 되지만 약속이 금인 저에게 공친 하루는 백지수표보다 위험합니다

그러니, 당신 산낙지로 나를 묶던 어제를 백지수표 위에 엎질러 주세요 더 이상 나를 캔슬 하지 마세요 나는 공순이처럼 생리수당을 반납합니다 전업주부의 일당도 반납합니다 내일 나의 방향은 어디일까요 동서남북 다 막힌 점괘에 침이라도 뱉으며 저항할까요

그러니, 당신 나 이외의 불순물들은 취소해 주세요 산낙지처럼 꿈틀거리며 나는 캔슬된 오늘로부터 고립되어 갈 거예요 오늘 껌처럼 버린 시간을 어떻게 회복할까요 오늘 밤 나는 위독합니다

이별 레시피

둥근 냄비에 세 컵의 눈물과 알맞게 거른 추억
세 티스푼 넣어 저어 주세요
처음엔 강한 불에 3분간 끓여 주세요
격한 감정 송두리째 끓여 주세요
빛나던 커플 반지도
쇠퇴한 왕국처럼
한 장의 낙엽 되었어요
조금씩 걸죽해지는 지난 시간들을 낮은 불에 재워져요
눈물도 추억도 구분되지 않는 무채색 감정 위에
리멤버, 리멤버 외치지는 말아요
너무 오래 두면 냄비에 달라붙어 까맣게 타 버릴지 모르니

얼른 꽃접시에 적당히 달궈진 시간을 담아요
그리고 준비한 망각의 후추를 살살 뿌려 주세요
꽃접시에 꽃보다 더 고운 시간이 누워 있네요
오늘 아침은 추억과 망각 버무린 스프네요
그 비율이 적당해 향신료 따윈 필요 없는
이별 식사
두고두고 음미할래요
그렇다고 리멤버, 라는 후기는 사양할래요

대신 버려 주는 사람

당신은 잘 버린다
내가 버리지 못하는 것들

작년 가을 소금물에 씻어 거꾸로 말린 뒤 물허벅에 꽂아 두었던 억새꽃 몇 해째 꽂아 두고 아직 다 못 읽은 베스트셀러 십 년도 넘게 옷장에 걸려 있던 와인빛 무스탕

눈으로 담고 가슴으로 읽고 추억을 껴입는
나의 습관성 증후군
그래서 버리지 못하는 고질병

당신은 대신 버려 주는 사람
나의 추억을 삽으로 갈아엎어 주는 사람

채우는 것만이 시인의 습성이냐 비우는 법도 체득하라며 냉혈한처럼 당신이 송두리째 버렸어도 아직도 내 가슴에 버리지 못한 것들이 있다 어머니가 손수 지어 준 솜이불 젊은 날 들었던 레코드 한 아름 서랍 깊이깊이 숨겨 둔 일기장 뭉치

그것은 나를 키운 햇살

어느 땅속 흙이 되었을 추억더미들 혹은 꽃이 되었을 넋들 비 오는 날이면 가슴 비트는 것들

당신은 잔인하게 잘 버린다
내가 꽁꽁 묶어 두는 것들

오늘 아침도 현관 앞에 가지런히 내어놓은 유리병 꽃 그릇 샌들 빛바랜 연둣빛 구두 한 켤레

당신과의 이별처럼
내 체온이 닿았던 사물들과의 이별도
다시 재회하기 위한 연습을 치르는 거라고
자문자답해 보지만

자꾸 자꾸 눈에 밟히는 것들
밀물처럼 가슴팍으로 파고드는 것들

그것을 당신은 대신 버려 주는 사람
하나의 세계를 청소하고 다시 새 우주를 살게 해 주는 사람

테러리스트

땅거미 질 무렵 18시 30분 발 비행기 안
그가 총 겨눌 때부터 우리는 인질
고요는 한 다발 따발총 소리에 위협당했고
삼백 명 인질은 공포와 불안 속에서
비행기 밖 어둠의 공기를 그리워했다

신의 주문에 가까운 언어
뒤이은 웅얼거림은 무의식과 자의식 사이 오가며
인간을 저격할 태세였다
아주 잘 길들여진 혁명가처럼
테러 요인 나열하기 시작한 건 공중 몇 킬로
철학가 설법처럼
확연했고 차분한 음성이었다

– 자슥아, 내일이면 오늘의 나를 못 본다
– 그동안 너와 아이들을 만나 참 행복했다
– 너 그리 잘났냐, 나는 인간도 아니냐
– 이 비행기 유리창 깨고 나는 저 어둠 속 까마귀가 될기다
– 다 끝이다!
– 나는 새여 인생은 바람 같은 것이여
– 인생은 누구에게나 미완성이다!

바로 뒷좌석에서 읊조리는 사내의 항거
뒷목 댄 칼끝처럼 언어는 날카롭고
전기 고문 같았지만 그 웅얼거림은,
누구나 한 번쯤 자신을 향해 던져 본
내면의 물음
조종사도 승무원도 제압할 수 없었다
맞서던 인질들도 대항보다 죽음 같은 한 시간의 공포를
택했다
마음속 키우고 있던 한 마리 성난 늑대 울부짖음은 그의
마침표
암 말기 환자처럼 절망에 무릎 꿇은
술에게 매수당한
인생에게 매복당한
자신에게 체포된
사
십
대

어둠은 비행기 한 대 삼키는 동안
사내의 테러를 내려놓았다

| 해설 |

고독할수록 화려한 색깔들 /

| 해설 |

고독할수록 화려한 색깔들 /

현택훈 | 시인

시인 양순진은 2009년 《시인정신》으로 데뷔했다. 첫 시집 『자작나무 카페』에서는 활달한 상상력으로 건강한 시 정신을 보여 줬다. 때론 도발적이면서도 과잉된 형상화를 지향하면서 시의 자장을 넓혔다. 한쪽에 치우치지 않고 강한 모험정신으로 풀숲을 헤치며 쓴 시들이 이번 두 번째 시집에서도 깊은 인상을 주고 있다. 다소 낭만적이고 몽환적이라는 혐의는 이번 시집에서 과감한 형상화로 극복하는 모습을 보여 준다. 그녀는 글쓰기 강사를 하면서 겪은 아이들의 이야기를 엮은 동시집 『향나무 아파트』, 『학교가 좋아졌어요』를 내기도 했다. 그러니까 그녀의 시 세계는 매우 넓으면서도 원색적인 점이 특징이다. 한 곳만 천착하는 것이 아니라 세상의 모든 이야기들을 시로 흡수할 태세다. 그것이 가능하기 위해서 얼마나 많은 시적 체험을 하고 있을지 눈에 선하다.

그녀는 두 번째 시집 『노란 환상통』에 이르러 강한 자의식을 드러내고 있다. 두 번째 시집에서 격정적 시의 경도를 보여 주는 것은 흔한 일은 아니다. 일반적으로 첫 번째 시집의 의욕에서 몇 걸음 물러선 채 비슷한 시의 모습을 보이거나 새로운 시의 이미지를 모색하는 경우가 많다. 하지만 양순진 시인은 굉장한 시적 자양을 지닌 채 시의 스펙트럼을 다채롭게 하는 모습을 이번 시집에서도 마음껏 발휘한다. 그래서 첫 번째 시집에의 연장선이자 더욱 정교해진 확장판으로 이번 시집을 대할 수 있다.

시집 제목이 '노란 환상통'이다. 그녀는 시라는 환상통을 앓고 있다. 노란색은 이중성을 지니고 있다. 밝고 생기 있는 이미지도 있지만 한편으로는 병적이거나 경고성도 지닌 색깔이 노란색이다. 미래의 희망, 부드러운 긍정의 의미도 있지만 우울한 미래, 위험도 함께 느낄 수 있는 이상한 색깔이다. 노랑은 눈에 잘 띄는 색깔이긴 하지만 희미하고 어렴풋한 빛깔도 동시에 나타낸다. 이 시집에서 노란색은 부정적인 면에 치우치면서도 산뜻한 분위기를 자아낸다. 그것은 노랑이기에 가능하다. 양순진의 시들은 레몬처럼 톡 쏘는 신맛이 난다.

몸의 한 부위나 장기가 없는 상태임에도 마치 그대로 있는 것처럼 느끼는 감각을 환상통이라 일컫는다. 시는 없는 것도 있는 것으로 감각을 느끼게 한다. 이 시집에서 시 몇 편만 읽어도 시인은 오랫동안 시라는 환상통을 앓고 있음을 짐작할 수 있다. 사실 시가 그렇다. 이별의 온도를 느끼고, 누군가의 압박 때문에 혼자 괴로워한다. 그러한 예민한 감각 때문에 시를 통해 표현한다. 양순진에게 형상화는 언어의 스펙트럼을 넓히는 도전으로 가득하다. 아프리카, 전생, 기원전, 은하숲, 히말라야 등 못 가는 곳이 없다.

> 사바나 기후가 연속인 기분에 대하여 분석해 보려 해 머릿속이 황폐해지는 계절엔 배 속이 요란해져 과다한 공허는 과다한 폭식을 몰고 오지 밤마다 들려 밀림 헤치며 진군하는 동물들의 노랫소리 마치 장엄한 오페라 같아 사냥이 시작되었어 사바나 기후엔 야생성 입맛이 폭주하지
>
> 간밤엔 몇 마리 물고기가 사막으로 뛰어드는 꿈을 꿨어 향유고래들도 가끔 물을 박차고 싶은 거야 메마른 땅바닥으로 소풍 가는 날은 비늘이 눈처럼 흩어져 조각조각 잘려 나간 시간들이 입속에서 물컹거릴 때 바다에서 지낸 한철을 추모하지 안녕, 바다의 왕국 국민들이여 대왕오징어 눈 속으로 눈물이 고여
>
> -「동물의 왕국」 부분

이 시는 마치 아프리카에 간 듯한 생각이 들 정도로 아프리카의 동물들을 불러들인다. 하지만 이 시는 단지 아프리카 풍경만을 새롭게 표현한 시가 아니다. "사바나 기후가 연속인 기분에 대하여 분석"하는 것으로 시작하는 이 시는 화자의 마음이 곧 아프리카임을 인지하게 한다. 건기와 우기가 현저하게 나타나는 사바나 기후가 '나'의 마음과 닮았

다는 것. 그런데 종횡무진 펼쳐지는 동물들의 모습은 아프리카가 아니라 식탁 위의 상황이다. 그 식탁이 현재 '나'의 마음이다. 그러니까 '나'는 "최고의 우울"에 빠져 있는데 동물성 음식을 섭취하는 것으로 외로움을 달랠 수 없다. 깡소주를 마시며 코끼리 살맛을 넘보지 않으며 견디는 중이다. 그리하여 "당신의 등에서 내가 태어났듯이 깊은 동굴에서 더 빛나는 사막여우의 삶을 위한 만찬에 초대한 당신"을 기다린다.

이러한 과감한 표현은 사유의 다채로움에서 나올 수 있겠지. 생각이 종횡무진하고, 거침이 없다. 그렇다고 방만하거나 감정의 과잉을 보이는 것은 가까스로 절제하고 있다. 금방이라도 둑이 터질 것 같은 아슬아슬함이 보이지 않는 것은 아니나 충분한 표현이 시를 견고하게 한다. 넉넉하게 형상화한 시는 형식과 내용에서 지나침이 없으면서 필요한 표현은 유감없이 발휘되고 있어서 시의 긴장감을 잃지 않는다.

"지금 내게 덮친 절망의 협곡은 / 먼 꿈의 계단쯤으로 여기고 싶은"(「나미비아 코끼리처럼」) 시인은 동물들을 동원해 격앙된 감정을 다스리고 있다. 도대체 그녀에게 어떤 일들이 있었던 것일까. 그리운 당신에게 초대장을 보내도 이 아프리카에서 당신이 초대에 응할 가능성은 희박하다. 화자의 마음이 지금 건조한 사막인데 어떻게 발을 내딛겠나. 오히려 시인은 이 절박한 상황을 즐기기라도 하는 것인 양 표현에 더 집중한다. 시를 위한 황폐화가 이 시를 통해 목격된다.

가령 「당신의 부재를 읽다」(“가슴 다 허물어 낸 후에도 그리움의 숨골은 당신과의 거리를 잰다지”), 「사과향 불면」(“쇼핑한 물건을 풀어헤치고 하나하나에 번호를 붙인다 이백 년 후에도 기억하기 위해”), 「나는 생성되는 꽃밭이다」(“제멋대로 빗나가던 연애의 기억들이 달콤한 낮꿈 속으로 잠적한다”) 등의 시를 보면 활발한 부재의식을 보여 주면서 만들어 내는 분위기는 대개 거칠고 분산되어 있다.

유리창 한 뼘 빈 틈 남기고 커튼 내려요
속도를 내는 손잡이 줄
분홍 이불 끌어당겨
추운 나라 입김 포장하죠
정체 모를 검은 그림자여, 안녕
북쪽으로 난 문 걸어 잠글래요
‘나프탈렌’이라는 소설 읽다가 덮어 버린
부분의 문장들이
빗소리로 똑똑 떨어질 때
한차례 시공이 겹쳐지죠
도대체 우울의 무게는 몇 그램인가요
당신이 보낸 선물 포장 속엔
덩그러니 상현 한 장
하현에게 이르는 비단길은
지금도 전쟁 치르는 중일까요

이미 결말을 예고하는 복선은
은인이 아니라 함정입니다
미치도록 처절하게 노래 부르다가
다친 무릎의 통증 위에 색을 칠하는
순간이 오죠
가장 아픈 색은 뭘까요
베고 누운 분홍 곰인형
어느 날 꿈처럼 흐느껴 운다면
당신은 건기입니까 우기입니까
음악 마디가 관절처럼 삐거덕거릴 때
고통의 선로엔 당신이 벗어 둔
구두 한 짝
도대체 이별의 무게는 몇 그램일까요

여기는 망망대해
나프탈렌 냄새 쪽으로 달이 기우네요

-「색맹의 고독에게」 전문

시 「동물의 왕국」이 아프리카라는 공간으로 균형감각을 유지했다면 이 시 「색맹의 고독에게」는 건조한 아프리카를 우리의 눈으로 들어오게 한다. 마르고 슬픈 눈 속에 흑백 세상이 들어 있다.

이 시의 화자는 이별한 상태인 것으로 짐작된다. “도대체 우울의 무게는 몇 그램인가요"라고 묻는 '나'는 이별의 존재를 인식하고 있다. 우울을 계량할 수 있다면 우울이 더욱 구체적이겠지. 우울은 아주 가벼울 것 같다. 그런데 그렇게 가벼운 우울에 우리는 아파한다. 그래서 시인 박재삼은 시 「무제」에서 애인이 멀리 있어 "허리에 감기는 비단도 아파라"라고 했다. 양순진 시인 역시 "당신이 보낸 선물 포장 속엔 / 덩그러니 상현 한 장 / 하현에게 이르는 비단길"이라고 말한다. 상현을 받은 마음이 어떻겠나. 더욱이 그 상현이 하현까지 이르는 비단길이라니.

이 시에서 고독은 색맹이다. 색을 구별하지 못한다. 당신은 천연색이었던 세상이 이별 후에 흑백으로 변하는 걸 목격한 적이 있을 것이다. "가장 아픈 색은 뭘까요"라고 물으며 방법을 구해 보지만 색맹의 고독에게는 이 모든 시도가 부질없다. 그저 "음악의 마디가 관절처럼 삐거덕거리며" 살아가야 한다. "달은 나프탈렌 냄새 쪽으로 기우는" 이 세상에서 우리가 사는 동안엔.

양순진의 시는 시 「동물의 왕국」이나 「색맹의 고독에게」처럼 대체로 대상에 대해 말하면서 화려한 형상화로 대상의 불완전함을 대체하려는 경향이 있다. 부재나 유약함을 채우기 위한 장치로 그녀가 선택한 것은 풍성한 언어와 다채로운 표현이다. 그녀의 시로 말하자면 "사랑을 숭배한 대가로 / 치명적 향수가 되는"(「꽃기린」) 것이 시이다. 사랑을 했으면, 사랑을 했으면 치명에 이를 수 있다는 걸 감내

해야지.

> 사랑한다는 말 대신 당신의 영혼 끌어당기네 사랑으로 걸어오는 동안 부르튼 가슴 아팠던 어제가 사그라져요
>
> 새가 날아요 꽃이 웃어요 밀어들이 별로 떠요 나른해져요 혼몽해져요 어제는 물속에 잠기고 내일은 영원히 없는 시간 오직 지금만이 천국
>
> 사랑은 기다리는 것, 기다리면 뱀처럼 지루했던 시간이 녹아요 우리의 이야기들이 꽃밭이 되고 시가 되고 노래가 되네요
>
> 오세요, 거침없이 연체동물처럼 흐물거리며 식물처럼 살랑거리며 숨도 못 쉬게 달콤함으로 서로를 포박해요
>
> -「초콜릿 키스」 부분

사랑의 완성은 무엇일까. 사랑은 과정에서 무르익는다. 과정이 곧 결과인 것은 드물다. 사랑은 시작 단계에서 결말을 맺기도 한다. 이 시 「초콜릿 키스」만 봐도 알 수 있다. 키스하는 그 순간의 사랑의 완성이다. 사랑의 끝이다. "사랑만이 우주의 꽃"이기에 우리는 사랑으로 꽃핀다. 과거는 "뱀" 같다. 즉 "어제는 물속에 잠기고 내일은 영원히 없는

시간 오직 지금만이 천국"이 지금 키스하는 순간이다. 프렌치 키스다.

그런데 그 키스의 순간을 완전하다고 본다면 그 사랑은 극에 달한 고독이다. 완벽을 추구하지만 그 완벽의 순간에 우리는 고독의 맛을 보는 것. 키스는 머물고 싶은 순간이다. 그 순간이 절대 고독으로 정점을 찍는다. 그러니 시인은 계속 화려한 색깔로 완전한 고독(사랑)을 꿈꾼다.

이 사랑을 다른 것으로 대체해도 말이 된다. 우리는 결말을 향해 간다. 그곳에 행복이 있을 거라는 기대를 하며. 양순진 시인은 시를 쓰는 과정이 하나도 괴롭지 않을 것 같다. 시의 완성보다는 시를 쓰는 과정을 즐기고 있으니까. "은하가 우르르 쏟아지는" 그 순간에 시가 있다. 이 달콤함의 끝에는 씁쓸한 맛이 있을 텐데 그 맛까지 걱정할 겨를이 없다. 누가 그 결말을 모르겠는가. 예상되지만 굳이 이별까지 노래할 필요가 없는 것. 그래, 사랑의 완성은 이별이라고 말할 수 있다.

"달콤함만이 서로를 포박"할 수 있다. 최치언 시인은 시집『설탕은 모든 것을 치료할 수 있다』를 냈다. 우리는 당나귀처럼 설탕만 있으면 이 고개를 넘을 수 있다. 솜사탕 기계 속을 들여다본 적이 있다. 속에는 아무것도 없는데 빙빙 돌면서 솜사탕이 만들어지는 게 아닌가. 솜사탕의 경우엔 빙빙 도는 그 순간을 즐겨야 한다. 솜사탕은 먹지 않아도 오래가지 못하고 녹는다. 솜사탕과 우리의 처지가 크게 다르지 않다. 그러니 초콜릿이든 솜사탕이든 한입 크게 베어 물자.

애월 한담 해안도로에 새로 들어선 카페 마을
발리섬에 온 것 같은
이국적 풍경에 녹아들기도 했지만

자그만 음식점 붉은 등에
빛처럼 써 내려간
'비가 와서 쉽니다'
그 주인장 시심에 먼저 물들었습니다

-「비가 와서 쉽니다」 부분

양순진 시인의 시가 모두 격정적인 것은 아니다. 「바닥에 대하여」, 「비가 와서 쉽니다」, 「물잠」, 「달빛 아래서 시를 지우다」 등은 발라드로 읽힌다. 이 시 「비가 와서 쉽니다」는 일상의 언어를 유심히 관찰한 결과로 얻은 수작이다. 생활 속에서 시의 감각을 늘 켜고 있어야 느낄 수 있는 세계이다. 식당 유리문에 붙어 있는, 비가 와서 오늘 하루 쉰다는 그 문장을 시로 본 시인의 눈이 시적이다. "비가 와서 쉽니다"는 주인장과 손님의 대화다. 그 마음이 시다. 주인장도 시인이고, 비가 오니 오늘은 쉬어도 괜찮지 않겠느냐는 그 마음에 공감하는 독자도 시인이다. 용인해 주는 그 마음이 순하다.

속도와 정보의 시대에 우리는 순간순간 자신의 이익이 되는지를 확인하며 산다. 그런 시대에 “비가 와서 쉽니다”는 어쩌면 선언 같은 문장이다. 비가 오니 비를 바라보며 음악을 듣거나 아무 일도 하지 말자는 선언. 그 선언에 대답해 준 사람이 시인 양순진이다. 선언에 대해 들어 주는 사람이 없다면 그것은 공허한 외침이다. 시는 곳곳에 있다. 그 시를 발견하는 게 시인의 몫이다. 시인은 시를 발견하고 기뻐 노래한다. 슬픔도 노래하는 마당에 이 마음에 물든 시인의 마음이 아름답다. 비가 와서 문어를 잡지 못해 쉬는 사연일 수도 있지만, 시인은 시적인 까닭으로 쉬는 가게를 생각했다.

이러한 시적 관찰은 일상에서 시를 발견하는 시인의 덕목이다. 화려한 색깔들로 시세계를 구축하면서도 생활 속에서 시를 형상화하는 것을 잊지 않는다. 시인은 단추 하나도 오랫동안 관찰한다.

> 그녀는 단추 수집가
> 버리는 것들이 많아질수록 단추의 세계는 풍성해진다
>
> 단추는 이미 버려진 것들에 대한 미련 어느 가을 친숙했던 블라우스 수명에 대한 애도 혹은 비 오는 날 덧입었던 비옷의 감정을 꺼내 보는 일 블라우스와 비옷이 노랑이든 분홍이든 색깔은 허구

지나간 것은 다시 돌아올 수 없기에 흑빛이지만 남겨진 한 개의 단추가 푸른 한 그루 나무보다 거대해지는 시간 앞에 멈춰 서 보면 그녀의 삶은 뚜렷해진다

신호등보다 더 확고한 약속처럼 가두었던 밀폐의 공간과 단추의 거리는 좁힐 수 없는 종점 같은 것 아직 단추의 자리에 흠집의 울음소리가 떠돈다

그 흠집을 벗어난 감정은 예리해서 또 다른 세계를 끌어들이기도 하지만 단추와 단추의 교집합은 무엇이 그려질까 책상 침대 하늘 구름 책과 노트 감나무와 달이 소수점처럼 쫓아오면 그녀는 단추의 무게만큼 먼 계단을 오른다

단추의 변신을 혁명이라 한다면 그녀의 질주는 동행 그녀는 열고 닫히는 단추의 노동 횟수만큼 울었던 기억 때문에 단춧구멍은 창문보다 밝았다는 걸 잊지 않는다

그녀는 추억 수집가
버렸던 추억들이 단추처럼 기억에 닿으려고 대롱대롱 흥얼대는 빗방울 허밍

-「단추의 세계」 전문

이 시에서 단추는 추억이다. 우리는 추억이라는 단추를

달고 있다. 그 단추가 그만 떨어져 버릴 때가 있다. 새로운 단추를 달기도 하지만 옛날의 단추가 아니다. "블라우스 수명에 대한 애도"로 단추가 떨어진다면 붙잡을 수 없다. "지나간 것은 다시 돌아올 수 없기에" 단추는 더는 단추가 아니어도 된다. "한 개의 단추가 푸른 한 그루 나무보다 거대해지는" 세계가 단추의 세계다. 단추는 여러 가지 모습으로 변모한다. "책상 침대 하늘 구름 책과 노트 감나무와 달"과 편지 인형 바다 안개 시와 종려나무와 비로 변신한다. 시는 그 변신을 기록하는 관찰 기록인 셈이다.

단추가 어떻게 변이하는가. 단추는 옷이나 가방 따위를 여미는 역할을 한다. 세월이 흐르면 단추가 떨어진다. 그렇다고 슬퍼만 할 수도 없다. 그것이 단추의 세계다. 양순진 시인은 그러한 세계를 표현하면서 교집합의 낱말들을 동원하여 근사한 시세계를 쌓아 올린다. 그것은 이미지에 대한 오랜 탐구의 결과로 가능한 일이다. "책상 침대 하늘 구름 책과 노트 감나무와 달"이라고 아주 편하게 말하기까지 많은 충돌과 부침이 있었으리라. 그러므로 이 "단추의 세계"는 양순진의 시 세계를 축약해서 일러 주는 이정표가 되는 시다. 결국 시인은 모두 "추억 수집가"가 아니겠는가.

지퍼에 비해 단추는 틈이 있다. 그 틈의 존재가 단추의 큰 특징 중 하나다. 다른 곳을 슬쩍슬쩍 보여 준다. 그러한 간극으로 유지되는 것들이 있다. 크게 바람 통하지 않고, 그렇다고 꽉 막혀 있지 않은 정도의 공간과 시간으로 사유하는 것들이 있다. 그 사유가 유기체처럼 움직여서 시가 된다. "그녀는 열고 닫히는 단추의 노동 횟수만큼 울었던 기억"으로 시를 쓴다. 때론 격정이게, 때론 유려하게 마치 모두 바다로 모이는 강물처럼 흐르고 흘러 시가 되는 지점을 우리는 이 시집에서 만나게 된다.

혼자인 것을 좋아한다지
흰 꼬리로 위치를 알리는 친구는 둘이나 넷
너무나 예민하여 조심조심 새벽을 거닐지
노을 물드는 저녁을 사랑한다지

식성도 식물성
나뭇잎이나 풀, 나뭇가지나 열매 찾아
성긴 숲 배회한다지
계절이 바뀔 때마다
몸은 붉은빛이거나 회색빛이거나
식물로 가득한 배 속이므로
정서도 식물성일 거야

겨울을 좋아하는 낭만주의 습성은
몇 억 년이 흘러도 이어 갈 종족
설야가 몇 천 년 지속되어도 감성은 살아남아
하얀 눈과 흩날릴 거야

소복이 쌓여 가는 사슴운동장에서

시를 읊을 거야

-「흰꼬리사슴 -자화상」 부분

시인 양순진의 시는 순진하다. 자신의 시의 방향까지 그대로 보여 준다. 시인은 시「흰꼬리사슴 -자화상」으로 시인의 자세를 다짐하고 있다. 이 시의 부제는 '자화상'이다. 부제에서 알 수 있듯 이 시는 시인의 자전적 이야기를 쓴 시이다. 사슴은 뿔이 있어서 그런지 고결한 멋이 있다. 시인은 사슴 같은 기품을 시인의 자세로 본다. 흰 꼬리로 위치를 알리듯 다른 사람에게 존재의 의미를 알리는 시인. 식물성으로 성긴 숲을 배회하고, 계절마다 털을 바꾸고, 하얀 감성을 유지한 채 견딜 수 없는 혹한에 가장 먼저 뿔을 눕힐 줄 안다. 그러한 사슴이 곧 시인이라고 말한다.

시 전체가 시를 은유하고 있다. 그래서 이 시를 이 시집에서 서시(序詩)로 배치해도 좋았을 것이다. 양순진 시인의 시적 방향이 잘 나타나 있다. "순하다고 얕보지 마라"라는 말은 "순진"이라는 이름과 일치하는 건 우연이겠지만 양순진은 앞으로도 순진한 시를 계속 쓸 게 분명하다. 그러므로 이 시는 서시의 성격을 띠면서도 그녀의 미래 시 모습을 예견한다. 그녀의 시는 이제 아주 선명해질 것이다. 그것은 그녀가 두 권의 시집으로 충분히 다채로운 시 세계를 보여 주고 있기에 좀 더 내밀화할 필요를 느낄 가능성이 크기 때문이다.

여행지에서 욕조는 또 다른 오지
실오라기 하나 걸치지 않은
가벼운 마음으로 거울 위에 눕는다
수면에 둥둥 뜨는 발가락들
지난 시간을 불리는 욕조는
가끔 바닥을 벗어나 공중을 난다

욕조가 여독보다 먼저 젖어
무릎잠에 이른다
차오른 물은 어느 지점부터 날개가 되어
꿈속을 질주하기도 한다
여행지에서의 물은 피보다 안전하게
몽상을 리드한다

잠시 어지럼증에 휘청거리면
거울에서 나갈 시간
예리한 거울의 모서리로부터
꿈의 왼편은 점멸한다

물에 불린 새하얀 피부는
새의 허파처럼 텅 비어 있다
유형지에서 떠나와
비로소 여행지의 욕조에서

나를 극복하는 밤

-「물잠 -욕조에서의 30분」 부분

명징한 상상이다. 이 상상의 공간은 욕조이지만 화자는 거울 위에 누워 있다. 공중을 날아 다른 세계로 가는 일은 여독보다 먼저 젖는 욕조를 닮았다. 물이 날개가 되는 몽상이 가능한 것은 실오라기 하나 걸치지 않은 가벼운 마음이기에 가능하다. 지금 화자는 여행 중이다. 여행지에서 욕조에 물을 받고 누워 있는 것으로 보인다. "여행지에서 욕조는 또 다른 오지"라고 표현한 부분이 놀랍다. 멀리 떠나왔을 텐데 좁은 욕조가 마치 목적지인 것처럼 보인다. 그렇다면 이 여행은 실제 여행이 아니라 생각의 여행인 것으로 볼 수 있다. 즉 시적인 여행이다. 사실 여행은 가지 않았으며 욕조에 누워 상상을 통해 여행을 해 보는 것. 그래서 구체적 지명이 불필요하다. 상상의 동력은 거울이다. 실제 여행이라는 단서가 있긴 하다. "208호 룸"이라는 지나치게 구체적인 말이 있다. 하지만 욕조는 208호 룸에 있는 욕조다. 중요한 건 생각의 자유로운 여행에 신경 쓴 점이다.

이런 식이다. 양순진의 시적 상상력은 종횡무진 이루어지는 것 같으면서도 내밀한 모험을 하고 있는 점에 주목하게 된다. "사랑은 멸종하고 식물만이 인류를 구해 줄 것이다"(「식물과의 스캔들 -내 몸 속 식물도감」)라고 말하는 시인은 꽃집에서 출발한 상상력이 다시 꽃집으로 돌아온다. "영원히 별처럼 먼 여자"(「낯선 여자」)는 바로 자신의 얼굴일 개연성이 크다. 사진 속 사진은 거울 역할을 한다. 자신이 아니라 해도 그 여자를 통해 자신의 모습을 보고 있는 것이 분명하다.

양순진 시인의 경우 일상 속에 상상력의 입출구가 있다. 시인은 아무렇지 않게 시적 여행을 한다. 책상 침대 하늘 구름 책과 노트 감나무와 달에 상상의 통로가 있다. 그 상상이 위축되지 않고 더 활기를 치기 위해서 과감성보다 내밀화가 요구된다. 그 좋은 예로 시 「냉소적 담론」이 될 수 있지 않을까. 자기모순을 자처하면서까지 갱생을 추구하는 모습을 보여 주는 시이다. 내면의 여행이 깊어질수록 감정의 과잉은 시나브로 줄어들 것이다. 그러니까 이 시는 양순진의 시 세계가 더욱 웅숭깊게 변화할 것임을 미리 보여 준다.

> 다시는 내 생에 반복법 쓰지 않겠다 운명을 거래하는 내게 사소한 갈등들이 거미줄처럼 얽힌다 우연을 필연으로 오인했던 수많은 거짓말들이 단단한 유리문 만들어 버렸다
>
> 투명한 유리문 너머 반복의 횡포는 잡초처럼 자란다 그 뾰족한 풀칼에 긁혀 상처는 무디어지고 나쁜 영화 관람처럼 눈알이 뻑뻑하다
>
> 다시는 내 시에 반복법 쓰지 않겠다 반복은 상징의 결여로

인식되므로 제자리에 들어서지 못하는 날말은 빛을 잃는다 호사로 시를 배운 당신처럼 구멍 난 가방 메울 수는 없는 법 은유의 비밀 캐려고 수억 광년의 별 헤매는 나에게 이중성은 변조다

지나간 치욕 잊어버린들 당신의 본성 갈아엎을 수 있을까 포장된 진실의 껍질 벗겨 냈을 때 향유할 그 무엇도 없는 사막이었지 복구하기 힘든 불신 유리문에 중첩되고 나는 쓰레기처럼 하찮아졌다

다시는 내 문장에 반복법 쓰지 않겠다 여우가 둔갑하고 눈보라 삽시간에 휘도는 극한에도 유일하게 끌어안던 문장은 결국 가짜였고 지독한 함정이었다 아무렇지 않은 듯 열고 닫는 유리문은 이제 철폐한다 그 얄팍한 혓바닥으로 은유의 세계를 관통하려 하지 말라는 경고가 우리 담론의 결말

한계란 지속이 아니라 절멸임을 다시 한 번 밝힌다 환상의 색안경 벗으니 비로소 하늘이 열린다

-「냉소적 담론」 전문

"여우가 둔갑하고 눈보라 삽시간에 휘도는 극한에도 유일하게 끌어안던 문장은 결국 가짜였고 지독한 함정이었다" 라는 문장이 나오기까지 얼마나 많은 쓰기의 말들을 흘려

보내야 했을까. 그렇게 바라던 시의 세계를 펼쳐 보이는데 그 시가 회의로 가득 차 있다는 것을 발견한 시인은 '생' → '시' → '문장'으로 도리어 축소되는 형식으로 결국 시를 통해 생을 말한다. "다시는 내 생에 반복법 쓰지 않겠다"라는 선언은 '시'에서 '문장'으로 축소되면서 시(삶)의 혐의를 추적하는데 궁극적으로는 삶의 비의(悲意)를 직시하고 있다.

이 슬픔은 생태적 슬픔이 아니다. 그래서 측은한 생각이 많이 들지 않는다. 구조적 슬픔으로 보기엔 썩 내키지는 않지만 통과제의의 슬픔으로 보는 것이 그럴듯해 보인다. 그러니까 이 시에 나타난 회의(슬픔)는 시인 자신을 향하고 있다. 일찍이 윤동주는 시 「참회록」을 통해 자기 성찰의 전범을 보여 줬다. 반성의 모범이라는 말이 좀 이상하긴 하지만 시 「참회록」처럼 이 시 역시 자신의 모습에서 회의를 발견한다. 그리하여 부단한 시 쓰기를 통해 시의 윤리를 다잡고 있는 모습이 두 시인에게서 교차되어 그려진다.

이러한 시적 부침이 있는 시인이라면 읽을 만한 작품이 있기 마련이다. 시인의 고민은 고스란히 우리에게 전달되어 함께 읽을 수 있는 힘을 갖는다. 시 「냉소적 담론」은 다른 시인들에게도 권하고 싶은 작품이다. 우리 시대의 시인들은 어떠한 태도로 시를 대해야 하는지에 대한 화두를 제시한다.

시인 양순진의 시는 화려하다. 그런데 시가 화려한 까닭이 완전한 고독을 지향하기 때문이다. 고독할수록 화려한 색깔을 나타내는 시 세계인데 궁극엔 고독하게 침전하는 시를 그리고 있다. 이 시집을 통해 화려한 빛깔들이 더욱 오래 유지될 힘을 얻을 수 있기를 바라는 것이 덕담이 될지는 앞으로 세 번째 시집을 기다려 봐야 알 수 있겠다.